JN060146

消費税の
チェック
ポイント と
指摘事項への対応

税務研究会出版局

は　し　が　き

　消費税は、原則として、すべての財貨・サービスを課税対象とする課税ベースの広い間接税として平成元年に導入されました。昨年、平成31年4月をもって導入から30年が経過し、今日では我が国の基幹となる重要な税として国民生活に定着しています。

　この間、様々な改正が行われるとともに、税率は3％から5％へ、5％から8％への引上げが行われてきましたが、令和元年10月から標準税率が10％に引き上げられたことに加え、飲食料品の譲渡及び定期購読契約に基づく新聞の譲渡には8％の軽減税率が導入されるに至りました。さらに、令和5年10月には、適格請求書等保存方式、いわゆるインボイス制度が導入されることも予定されています。

　このように、単一税率から複数税率となった消費税は、税収に占めるウエイトが増加して重要度が増すとともに、事務処理の複雑化や不慣れによる誤りの増加なども想定されるところであり、ますます注目が集まっていくことと思われます。

　一方、このように重要度が増すとともに、複数税率に対応する区分経理など、事務処理が複雑化した消費税については、これまでにない指摘事項が増加するなど税務調査におけるウエイトも更に高まることが容易に想像できるところです。

　そこで、本書においては、これまでの30年を超える消費税の歴史を踏まえ、様々な観点から読者のニーズにできるだけこたえることができるよう、次のとおり大きく①消費税法の基本的な知識、②消費税調査の概要とその対応チェックポイント、③消費税調査における指摘事例とその対応を体系的に整理して、編さんしています。

　第1章「消費税法の基本的な知識」は、消費税に携わる方に、また、本書を参考書として活用していただく方に知っておいていただきたい消

費税の基本的な事項をコンパクトに解説したものとなっています。

　第2章「消費税調査の概要とその対応チェックポイント」は、国税庁における消費税調査の位置付けや税務調査の進め方に応じた留意事項、消費税において誤りやすいポイントとチェック事項を分かりやすく紹介して解説するとともに、本書の特長となっている「誤りやすい消費税固有の非違チェックリスト」を集録しており、事業者や税理士の方にとって参考になるものと考えています。

　第3章「消費税調査における指摘事例とその対応」は、本書の中心となるパートであり、生じやすい具体的な消費税固有の非違事例を紹介しています。指摘事項の内容を具体的に紹介するとともに、的確なアドバイスに加えて詳細に掘り下げた解説を行っています。税理士の方にとっても力になるものと考えています。

　本書が、消費税の実務に携わる方々に広くご活用いただき、皆様の一助となれば幸いです。

令和元年12月

　　　　　　　　　　　　　　　　小　林　幸　夫

目　　次

凡　例

　本書で用いる主な凡例は以下のとおりです。

法……………………消費税法

令……………………消費税法施行令

規……………………消費税法施行規則

基通…………………消費税法基本通達

所得臨特法…………日本国とアメリカ合衆国との間の相互協力及び安全保障条約第6条に基づく施設及び区域並びに日本国における合衆国軍隊の地位に関する協定の実施に伴う所得税法等の臨時特例に関する法律（昭和27年4月28日法律111号）

平成27改正法………所得税法等の一部を改正する法律（平成27年3月31日法律第9号）

平成28改正法………所得税法等の一部を改正する法律（平成28年3月31日法律第15号）

平成28改正令………消費税法施行令等の一部を改正する政令（平成28年3月31日政令148号）

平成15改正規………消費税法施行規則の一部を改正する省令（平成15年財務省令第92号）

平成28改正規………消費税法施行規則の一部を改正する省令（平成28年財務省令第20号）

軽減通達……………消費税の軽減税率制度に関する取扱通達

総通…………………事業者が消費者に対して価格を表示する場合の取扱い及び課税標準額に対する消費税額の計算に関する経過措置の取扱いについて（法令解釈通達）

所基通………………所得税基本通達

通則法………………国税通則法

措法…………………租税特別措置法

第 1 章

消費税法の基本的な知識

Ⅰ　課税の対象

1　消費税の課税対象取引

　消費税の課税対象取引は、次の取引です（法4①②）。

①　国内取引　事業者が行った資産の譲渡等（特定資産の譲渡等は除かれます。）及び特定仕入れ（事業として他の者から受けた特定資産の譲渡等）

②　輸入取引　保税地域から引き取られる外国貨物（輸入取引となるもの）

　したがって、国外で行われた取引や、国内における取引であっても、事業者以外の者が行った取引は課税の対象にはなりません。なお、輸入取引については、事業者以外の者（消費者など）が行ったものであっても課税の対象となります。

　また、課税対象取引となるものであっても、一定の取引については非課税取引や免税取引とされ、消費税が課税されない又は免除されるものもあります。

　事業者等が行う「各種取引」と消費税の課税対象取引との関係を図示すると、次のとおりとなります。

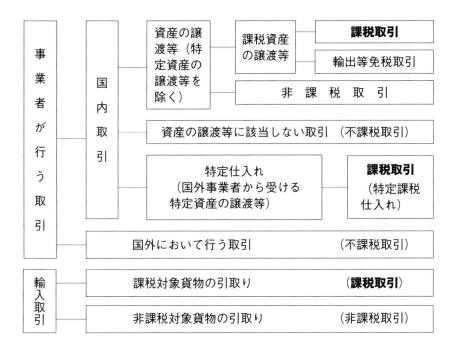

― **Keyword** ―

<特定資産の譲渡等>国外事業者が行う「事業者向け電気通信利用役務の
　提供」、「特定役務（演劇等）の提供」をいいます。

<不課税取引>国内取引のうち事業者以外の者が行った取引、事業者が行
　う取引で資産の譲渡等及び特定仕入れ以外の取引や国外取引などです。
　（例）①　保険金、共済金（保険事故の発生に伴う収入は対価性がない
　　　　　　ため）
　　　　②　寄附金、祝金、見舞金（対価性がないため）

<特定仕入れ>事業として他の者（国外事業者）から受けた特定資産の譲
　渡等（事業者向け電気通信利用役務の提供及び特定役務（演劇等）の提
　供）をいいます。

2　国内取引の課税要件

　国内取引の消費税の課税対象は、国内において事業者が行った資産の譲渡等（特定資産の譲渡等に該当するものを除きます。）であり（法4①）、ここにいう「資産の譲渡等」とは、事業として対価を得て行われる資産の譲渡及び貸付け並びに役務の提供をいいます（法2①八）。

　したがって、資産の譲渡等の課税対象取引は、次のすべての要件を満たす取引をいうこととなります。

　　①　国内において行う取引（国内取引）であること
　　②　事業者が事業として行うものであること
　　③　対価を得て行うものであること
　　④　資産の譲渡、貸付け及び役務の提供であること
　　⑤　特定資産の譲渡等に該当しないこと

(1)　国内において行う取引（国内取引）であること

　消費税は、国内において行う取引に対して課税されますから、その取引が国内で行われた取引か国外で行われた取引かの判定（内外判定）を行う必要があります。

　資産の譲渡等の内外判定の基準は、次のとおりです（法4③、令6）。

　　イ　資産の譲渡又は資産の貸付けの場合

　　　原則として、資産の譲渡又は資産の貸付けが行われる時において、その資産が所在していた場所が国内であれば、国内取引になります。

　　　なお、次の資産については、それぞれ判定基準となる場所が国内であれば国内取引となります。

　【その他参考通達】基通5-7-2 ～ 5-7-12、5-7-14

資産の譲渡又は貸付けについての内外判定基準（法4③一、令6①）

譲渡等の資産の内容	判定基準となる場所
原則	資産の譲渡又は貸付けが行われる時において、その資産の所在していた場所
船舶、航空機	・登録をした機関の所在地（ただし、居住者が行う日本船舶（国内において登録を受けた船舶）以外の船舶の貸付け及び非居住者が行う日本船舶の譲渡又は貸付けにあっては、その譲渡又は貸付けを行う者の住所地） ・登録を受けていない場合には、譲渡又は貸付けを行う者の譲渡又は貸付けに係る事務所等の所在地
鉱業権等	鉱業権の鉱区等の所在地
特許権、実用新案権、意匠権、商標権等	・権利の登録をした機関の所在地 ・同一の権利を二以上の国において登録している場合には、譲渡又は貸付けを行う者の住所地
公共施設等運営権	公共施設等運営権に係る民間資金等の活用による公共施設等の整備等の促進に関する法律に規定する公共施設等の所在地
著作権、ノウハウ等	譲渡又は貸付けを行う者の住所地
営業権、漁業権、入漁権	権利に係る事業を行う者の住所地
有価証券（券面のあるもの）	有価証券が所在していた場所
有価証券（券面のないもの）	振替機関等において取り扱われるものは、振替機関等の所在地（それ以外のものは、その有価証券等に係る法人の本店又は主たる事務所等の所在地）
登録国債等	登録をした機関の所在地
合名会社等の出資者持分	持分に係る法人の本店又は主たる事務所の所在地
貸付金等の金銭債権	債権者の譲渡に係る事務所等の所在地
ゴルフ場利用株式等	ゴルフ場等施設の所在地
上記以外の資産で所在場所が明らかでないもの	譲渡又は貸付けを行う者の譲渡又は貸付けに係る事務所等の所在地

（注）1　住所地とは、住所又は本店若しくは主たる事務所の所在地をいいます。

　　　2　事務所等とは、事務所、事業所その他これらに準ずるものをいいます。

ロ　役務の提供の場合（電気通信利用役務の提供を除きます。）

　　原則として、役務の提供が行われた場所が国内であれば、国内取引になります。

　　なお、次の役務の提供については、それぞれ判定基準となる場所が国内であれば国内取引となります。

【その他参考通達】基通5-7-13、5-7-15

役務の提供についての内外判定基準（法4③二、令6②）

役務の提供の内容	判定基準となる場所
原則	役務の提供が行われた場所
国際運輸	出発地、発送地又は到着地
国際通信	発信地又は受信地
国際郵便	差出地又は配達地
保険	保険会社等の保険契約締結に係る事務所等の所在地
生産設備等の建設、製造に関する専門的な科学技術に関する知識を必要とする調査、企画、立案等	生産設備等の建設、製造に必要な資材の大部分が調達される場所
上記以外の役務の提供で役務の提供場所が明らかでないもの	役務の提供を行う者の役務の提供に係る事務所等の所在地

（注）事務所等とは、事務所、事業所その他これらに準ずるものをいいます。

ハ　利子を対価とする金銭の貸付け等についての内外判定基準（令6③）

　　利子を対価とする金銭の貸付け等については、貸付け又は行為を行う者の貸付け又は行為に係る事務所等の所在地が国内か否かにより判定します。

⑵　事業者が事業として行うものであること

　消費税は、国内において事業者が事業として行う取引を課税の対象としていますから、事業者以外の者が行う取引は課税の対象になりません。

　「事業者」とは、事業を行う個人（「個人事業者」といいます。）及び法人をいい（法2①四）、その個人事業者又は法人が居住者であるか非居住者であるかは問いません。

　法人が行う取引は、そのすべてが「事業として行う」取引に該当しますが、個人事業者は、事業者の立場と消費者の立場で行動しますから、そのうち事業者の立場で行う取引が「事業として」に該当し、消費者の立場で行う資産の譲渡（例：家庭で使用しているテレビ等家事用資産の売却）等は「事業として」に該当しません（基通5-1-1、5-1-8）。

　また、「事業として行う」とは、資産の譲渡、資産の貸付け及び役務の提供を反復、継続、かつ、独立して行うことをいい、事業に使用していた資産の売却など事業活動に付随して行われる取引もこれに含まれます（令2③、基通5-1-1）。

Interval

所得税の「事業」、消費税の「事業として」

　所得税においては、事業の範囲を、例えば、建物の貸付けが事業として行われているかどうかの判定（所基通26-9）や競走馬の保有に係る所得が事業所得に該当するかどうかの判定（所基通27-7）の目安として一定の規模（建物の貸付けは5棟、10室の基準、競走馬の保有はその年における登録期間が6月以上である競走馬を5頭以上保有など）あるいは収支の状況等を勘案する旨の規定が設けられています。

　これに対し、消費税においては、建物の貸付けや競走馬の譲渡、出走など、資産の譲渡及び貸付け、並びに役務の提供が反復、継続、独立して行われるものであれば、「事業として」行うものに該当します。したがって、規模の大小を問うものではないということになります。

(3)　対価を得て行うものであること

　消費税の課税の対象は、対価を得て行う取引に限られます。

　この「対価を得て」とは、資産の譲渡、資産の貸付け及び役務の提供に対して反対給付を受けることをいいます（基通5-1-2）。

　したがって、単なる贈与や無償の取引、寄附金、補助金、剰余金の配当、宝くじの賞金などは、一般的には対価若しくは対価性がないので、原則として、課税の対象にはなりません。

　なお、次の行為は、「対価を得て行う取引」に該当するものとされています。

　イ　みなし譲渡（法4⑤、基通5-3-1 ～ 5-3-5）

　　(イ)　個人事業者が棚卸資産又は事業用の資産を家事消費又は家事使用した場合

　　(ロ)　法人がその役員に対して資産を贈与した場合

　ロ　資産の譲渡等に類する行為（法2①八、令2①）

　　(イ)　代物弁済による資産の譲渡

　　代物弁済とは、債務者が債権者の承諾を得て、約定されていた
弁済の手段に代えて他の給付をすることによって債務を弁済する
場合の資産の譲渡のことをいい、例えば、借入金の返済を金銭で
弁済する代わりに土地を給付する場合などが該当します（基通
5-1-4）。

(ロ)　負担付き贈与による資産の譲渡

　　負担付き贈与とは、受贈者に一定の給付を行う義務を負担させ
る資産の贈与をいいます。例えば、借入金の返済を肩代わりして
もらうことを条件に土地を贈与するといった負担のついている贈
与などが該当します（基通5-1-5）。

(ハ)　金銭以外の資産の出資

　　金銭以外の資産の出資とは、法人の設立又は新株の発行に際し
て、金銭出資に代えて金銭以外の資産を出資したことをいい、そ
の資産の出資は資産の譲渡に該当します。

　　なお、金銭以外の資産の出資には、いわゆる事後設立は含まれ
ません（基通5-1-6）。

(4)　**資産の譲渡、貸付け及び役務の提供であること**

イ　資産の譲渡

　　資産の譲渡とは、売買などの契約により、資産の同一性を保持し
つつ、他人に移転することをいいます（基通5-2-1）。

　　なお、消費税では資産の交換は資産の譲渡に該当することとされ
ています。

─ ***Keyword*** ─────────────────

＜資産＞棚卸資産、機械装置、土地、建物などの有形資産に限らず、商
標権、特許権などの無形資産等、およそ取引の対象となるもののすべ
てが含まれます（基通5-1-3）。

ロ　資産の貸付け

　　資産の貸付けとは、賃貸借や消費貸借などの契約により、資産を他の者に貸したり、使用させたりすることであり、資産に係る権利の設定その他他の者に資産を使用させる一切の行為（電気通信利用役務の提供に該当するものを除きます。）を含むものとされています（法2②）。

※　資産に係る権利の設定には、例えば次のものが該当します（基通5-4-1）。
①　土地に係る地上権又は地役権の設定
②　特許権、実用新案権、意匠権、商標権等の工業所有権に係る実施権又は使用権の設定
③　著作物に係る出版権の設定
※　資産を使用させる一切の行為とは、電気通信利用役務の提供に該当しないもので、例えば次のものが該当します（基通5-4-2）。
①　工業所有権等の使用、提供又は伝授
②　著作物の複製、上演、放送、展示、上映、翻訳、編曲、脚色、映画化その他著作物を利用させる行為
③　工業所有権等の目的になっていないが、生産その他業務に関し繰り返し使用し得るまでに形成された創作（特別の原料、処方、機械、器具、工程によるなど独自の考案又は方法についての方式、これに準ずる秘けつ、秘伝その他特別に技術的価値を有する知識及び意匠等をいいます。）の使用、提供又は伝授

ハ　役務の提供

　　役務の提供とは、請負契約、運送契約などにより、労務、便益、その他のサービスを提供することをいいます。

※　役務の提供の例

土木工事、修繕、運送、保管、印刷、広告、仲介、興行、宿泊、飲食、技術援助、情報の提供、便益、出演、著述などのサービスを提供することのほか、弁護士、公認会計士、税理士、作家、スポーツ選手、映画監督、棋士等によるその専門的な知識や技能に基づく役務の提供など（基通5-5-1）。

※　いわゆる**給料**は役務の提供の対価ですが、雇用契約に基づく労務の提供は事業に該当しないことから、課税の対象にはなりません（不課税取引）。

⑸　**特定資産の譲渡等に該当しないこと**

特定資産の譲渡等とは「事業者向け電気通信利用役務の提供」及び「特定役務の提供」をいいます（法2①八の二、八の四、八の五）。これは、リバースチャージ方式の課税（p.38「特定課税仕入れを行った事業者の納税義務」参照）となるもので、次の3「特定仕入れ」となるものです。

3　特定仕入れの課税要件

⑴　**特定仕入れの意義**

課税対象取引となる「特定仕入れ」とは、事業として他の者から受けた特定資産の譲渡等をいいます（法4①）。

特定資産の譲渡等とは、「事業者向け電気通信役務の提供」及び「特定役務の提供」をいいます（法2①八の二）。

イ　事業者向け電気通信利用役務の提供

事業者向け電気通信利用役務の提供とは、国外事業者が行う電気通信利用役務の提供のうち、その電気通信利用役務の提供に係る役務の性質又はその役務の提供に係る取引条件などから、その役務の提供を受ける者が通常事業者に限られるものをいいます（法2①八

の四）。

> ※　事業者向け電気通信利用役務の提供の例（基通5-8-4）
> ①　インターネットのウエブサイト上への広告の掲載のようにその役
> 務の性質から通常事業者向けであることが客観的に明らかなもの
> ②　役務の提供を受ける事業者に応じて、各事業者との間で個別に取
> 引内容を取り決めて締結した契約に基づき行われる電気通信利用役
> 務の提供で、契約において役務の提供を受ける事業者が事業として
> 利用することが明らかなもの

Keyword

＜電気通信利用役務の提供＞ 資産の譲渡等のうち、電気通信回線を介して行われる著作物の提供その他の電気通信回線を介して行われる役務の提供をいい、電気通信利用役務の提供に該当しない他の資産の譲渡等の結果の通知その他の他の資産の譲渡等に付随して行われる役務の提供以外のものをいいます（法2①八の三）。

　具体的には、インターネット等の電気通信回線を介して行われる次のような役務提供が該当します（基通5-8-3）。

①　インターネットを介した電子書籍の配信
②　インターネットを介して音楽・映像を視聴させる役務の提供
③　インターネットを介してソフトウエアを利用させる役務の提供
④　インターネットのウエブサイト上に他の事業者等の商品販売の場所を提供する役務の提供
⑤　インターネットのウエブサイト上に広告を掲載する役務の提供
⑥　電話、電子メールによる継続的なコンサルティング

ロ　特定役務の提供

　　特定役務の提供とは、国外事業者が、国内において、対価を得て、他の事業者に対して行う以下のような役務の提供が該当します（法2①八の五、令2の2、基通5-8-5）。

①　芸能人として行う映画の撮影、テレビへの出演

②　俳優、音楽家として行う演劇、演奏

③　職業運動家のスポーツ競技大会等への出場等

　なお、他の事業者に対して行う役務の提供が該当しますから、①から③のような役務の提供であっても、国外事業者が直接消費者である観客、すなわち、不特定かつ多数の者に対して行うものは除かれます（令2の2、基通5-8-6）。

(2)　特定仕入れに係る国内取引の判定

イ　電気通信利用役務の提供の場合

　原則として、電気通信利用役務の提供を受ける者の住所若しくは居所（現在まで引き続いて1年以上居住する場所をいいます。）又は本店若しくは主たる事務所の所在地が国内であれば、その役務の提供を行う事業者の役務の提供に係る事務所等の所在地に関わらず、国内取引となります（法4③三、④）。

　この場合において、電気通信利用役務の提供を受ける者の住所等が国内であるかどうかについては、電気通信利用役務の提供を行う事業者が、例えば、インターネットを通じて電子書籍、音楽、ゲーム等をダウンロードさせるサービスなどで、顧客がインターネットを通じて申し出た住所地と顧客が決済で利用するクレジットカードの発行国情報とを照合して確認するなど客観的かつ合理的な基準に基づいて判定することとなります（基通5-7-15の2）。

　また、国外事業者が恒久的施設で受ける「事業者向け電気通信利用役務の提供」のうち、国内において行う資産の譲渡等に要するものである場合は、国内取引となります（リバースチャージ方式による申告・納税の対象となります。）（法4④ただし書）。

―**Keyword**―――――――――――――――――――――――――

＜恒久的施設＞所得税法及び法人税法に規定する「国外事業所等」又は

「恒久的施設」をいいます。

【その他参考通達】基通5-7-15の3、5-7-15の4

ロ　特定役務の提供の場合

　特定役務（演劇等）の提供については、上記2(1)ロの「役務の提供の場合」と同様に、役務の提供が行われた場所が国内にあるかどうかにより判定します。

4　輸入取引

(1)　外国貨物の輸入

　輸入取引に係る消費税の課税の対象は、保税地域から引き取られる外国貨物です（法4②）。外国から輸入されて国内で消費される資産については、国内取引とのバランス上、課税することとされています（p.31のinterval「消費課税における国際的な課税方式」参照）。

　保税地域から引き取られる外国貨物については、事業者（免税事業者を含みます。）が輸入する場合に限らず、消費者である個人が輸入する場合や無償で輸入する場合も課税の対象となります。

　なお、輸入取引の消費税の徴収は、「輸入品に対する内国消費税の徴収等に関する法律」に基づいて、税関で行われます。

Keyword

＜外国貨物＞①外国から国内に到着した貨物で、輸入が許可される前のもの及び②輸出の許可を受けた貨物をいいます（法2①十、関税法2①三）。

＜課税貨物＞保税地域から引き取られる外国貨物のうち消費税を課さないこととされるもの以外のものをいいます（法2①十一）。

＜保税地域＞外国貨物について、関税の賦課徴収を保留しておくことができる場所をいいます。

・外国貨物は、原則として、保税地域以外の場所に置くことができません。

・保税地域には、次の5種類があります（関税法29）。

　①指定保税地域、②保税蔵置場、③保税工場、④保税展示場、⑤総合保税地域

⑵　みなし引取り

　保税地域において、外国貨物が消費（又は使用）された場合には、その消費（又は使用）した者が消費（又は使用）した時に、その外国貨物を保税地域から引き取るものとみなして、消費税が課税されます（法4⑥、基通5-6-1）。

　ただし、外国貨物が課税貨物の原料又は材料として消費（又は使用）された場合には、引取りとはみなされません（法4⑥ただし書、基通5-6-5）。

Interval

消費税は事業者が負担するものではなく
転嫁を通じて最終消費者が負担するもの

　消費税は、製造、卸、小売、サービスの提供など各取引段階の事業者並びに外国貨物を輸入する者を納税義務者としていますが、これらの事業者に最終的な税負担を求めるものではなく、その事業者の販売する物品や提供するサービスの価格に上乗せして（これを転嫁といいます。）、最終的に商品を消費し、又はサービスの提供を受ける消費者が税を負担することを予定している税ですから、消費税は間接税に分類されています。

　このように消費税は、消費に対して課税する税ですが、製造、卸、小売、サービスの提供など各取引段階で税を課す多段階課税方式が採用されていることもあって、納税のための事務負担が特定の分野に偏ることにならないよう、また、経済取引に対して中立性を確保する観点から、前段階税額控除方式が採用されています。

非課税

　消費税は、国内において行われる資産の譲渡等及び特定仕入れ並びに保税地域から引き取られる外国貨物を課税の対象としていますが、その取引の中には、消費一般に広く公平に負担を求める税の性格からみて課税の対象とすることになじまないものや、社会政策的な配慮から課税することが適当でないものがあり、このような取引については、非課税取引として消費税を課さないこととされています（法6①②）。

　非課税取引は、消費一般に広く公平に負担を求めるという消費税の性格上、極めて限定されたものとなっています（法6①②、別表第1及び別表第2）。

1　非課税となる国内取引

　国内において行われる資産の譲渡等のうち、次に掲げるものが、非課税とされています（法6①、別表第1）。

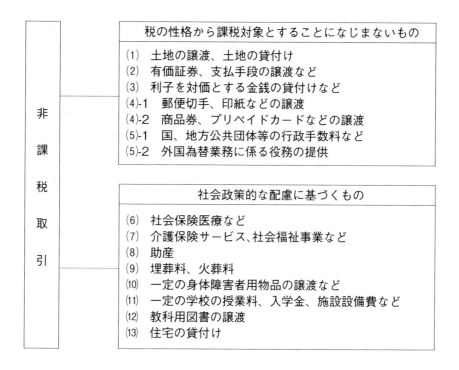

2　非課税取引の概要

　非課税となる国内取引の概要は、次のとおりとなっています。

⑴　土地の譲渡、土地の貸付け

　土地（土地の上に存する権利を含みます。）の譲渡及び貸付け（一時的に使用させる場合等を除きます。）は、消費一般に広く公平に負担を求める税の性格になじまないため、非課税とされています（別表第1一）。

　①　土地の上に存する権利とは、地上権（空中地上権を含みます。)、土地の賃借権、地役権、永小作権等の土地の使用収益に関する権利をいい、鉱業権、土石採取権、温泉利用権及び土地を目的物とした抵当権はこれに含まれず課税対象となります（基通6-1-2）。

　②　一時的に使用させる場合等とは、土地の貸付期間が1月に満たない場合及び建物、駐車場その他の施設の利用に伴って土地が使用さ

れる場合をいいます（令8、基通6-1-4、6-1-5）。したがって、テニ
スコートや野球場の貸付けは、課税対象となります。

③　土地（非課税）と建物（課税）を一括して譲渡した場合には、原
　則として、その全体の譲渡代金を土地と建物のそれぞれの対価の額
　に合理的に区分して、土地と建物の譲渡対価を算出することになり
　ます（令45③、基通10-1-5）。

(2)　有価証券、支払手段の譲渡など

　金融商品取引法第2条第1項《定義》に規定する有価証券その他これ
に類するもの及び外国為替及び外国貿易法第6条第1項第7号《定義》
に規定する支払手段その他これに類するものの譲渡は、非課税とされて
います（法別表第1二、令9）。

イ　金融商品取引法第2条第1項《定義》に規定する有価証券とは、
　次のものをいいます（基通6-2-1）。

①　国債証券

②　地方債証券

③　農林中央金庫の発行する農林債券その他の特別の法律により法
　人の発行する債券（④及び⑪に掲げるものを除きます。）

④　資産の流動化に関する法律（以下「資産流動化法」といいます。）
　に規定する特定社債券

⑤　社債券（相互会社の社債券を含みます。）

⑥　日本銀行その他の特別の法律により設立された法人の発行する
　出資証券（⑦、⑧及び⑨に掲げるものを除きます。）

⑦　協同組織金融機関の優先出資に関する法律（以下「優先出資法」
　といいます。）に規定する優先出資証券

⑧　資産流動化法に規定する優先出資証券又は新優先出資引受権を
　表示する証券

⑨　株券又は新株予約権証券

⑩　投資信託及び投資法人に関する法律（以下「投資信託法」といいます。）に規定する投資信託又は外国投資信託の受益証券

⑪　投資信託法に規定する投資証券、新投資口予約権証券若しくは投資法人債券又は外国投資証券

⑫　貸付信託の受益証券

⑬　資産流動化法に規定する特定目的信託の受益証券

⑭　信託法に規定する受益証券発行信託の受益証券

⑮　コマーシャル・ペーパー（金融商品取引法第2条に規定する定義に関する内閣府令第2条《コマーシャル・ペーパー》に規定するコマーシャル・ペーパー（以下「CP」といいます。））

⑯　抵当証券法に規定する抵当証券

⑰　外国債、海外CPなど外国又は外国の者の発行する証券又は証書で①から⑨まで又は⑫から⑯までの性質を有するもの

⑱　外国の者の発行する証券又は証書で銀行業を営む者その他の金銭の貸付けを業として行う者の貸付債権を信託する信託の受益権又はこれに類する権利を表示するもの

⑲　オプションを表示する証券又は証書

⑳　預託証券

㉑　譲渡性預金（払戻しについて期限の定めがある預金で、指名債権でないもの）の預金証書のうち外国法人が発行するもの

> ※　船荷証券、倉荷証券、複合運送証券又は株式、出資若しくは預託の形態によるゴルフ会員権等は、非課税とされる有価証券に含まれず課税対象とされます（基通6-2-2）。

ロ　有価証券に類するものとは、次のものをいいます（基通6-2-1）。

①　イの①から⑮まで及び⑰（⑯に掲げる有価証券の性質を有するものを除きます。）に掲げる有価証券に表示されるべき権利で有価証券が発行されていないもの

②　合名会社、合資会社又は合同会社の社員の持分、協同組合等の組合員又は会員の持分その他法人（人格のない社団等、匿名組合及び民法上の組合を含みます。）の出資者の持分

③　株主又は投資主（投資信託法第2条第16項に規定する投資主をいいます。）となる権利、優先出資者（優先出資法第13条第1項の優先出資者をいいます。）となる権利、特定社員（資産流動化法第2条第5項に規定する特定社員をいいます。）又は優先出資社員（同法第26条に規定する優先出資社員をいいます。）となる権利その他法人の出資者となる権利

④　貸付金、預金、売掛金その他の金銭債権

(注)1　居住者が発行する譲渡性預金証書は預金に該当します。

　　　2　ロの①には、例えば、消費税法施行令第1条第2項第3号《登録国債》に規定する登録国債、社債、株式等の振替に関する法律（以下「社債等振替法」といいます。）の規定による振替口座簿の記載又は記録により定まるものとされるもの、株券の発行がない株式、新株予約権、優先出資法又は資産流動化法に規定する優先出資証券の発行がない優先出資及び投資信託法に規定する投資証券の発行がない投資口が該当します。

ハ　支払手段とは、次のものをいいます（基通6-2-3）。

①　銀行券、政府紙幣、小額紙幣及び硬貨

②　小切手（旅行小切手を含みます。）、為替手形、郵便為替及び信用状

③　約束手形

④　①～③に掲げるもののいずれかに類するもので、支払のために使用することができるもの

⑤　証票、電子機器その他の物に電磁的方法（電子的方法、磁気的方法その他の人の知覚によって認識することができない方法をいいます。）により入力されている財産的価値であって、不特定又は多数の者相互間でその支払のために使用することができるもの（そ

の使用の状況が通貨のそれと近似しているものに限られます。)
- (注) 1　これらの支払手段であっても、収集品及び販売用のものは、課税の対
象となります。
 2　⑤の具体的範囲については、外国為替令において定めることとされて
います。

ニ　支払手段に類するものとは、次のものをいいます（令9④）。
① 仮想通貨（資金決済に関する法律第2条第5項《定義》に規定す
る仮想通貨をいいます。)
② 特別引出権（国際通貨基金協定第15条に規定する特別引出権をい
います。)

(3)　利子を対価とする貸付金など

　利子を対価とする貸付金その他の特定の資産の貸付け及び保険料を対
価とする役務の提供等は、非課税とされています（法別表第1三、令10）。
　おおむね、次のものを対価とする資産の貸付け又は役務の提供が非課
税とされます（基通6-3-1）。
① 国債、地方債、社債、新株予約権付社債、投資法人債券、貸付
金、預金、貯金又は消費税法施行令第9条第4項《支払手段に類す
るもの》に規定する特別引出権の利子
② 信用の保証料
③ 所得税法第2条第1項第11号《定義》に規定する合同運用信
託、同項第15号に規定する公社債投資信託又は同項第15号の2に
規定する公社債等運用投資信託の信託報酬
④ 保険料（厚生年金基金契約等に係る事務費用部分を除きます。)
⑤ 法人税法第2条第29号《定義》に規定する集団投資信託、同条
第29号の2に規定する法人課税信託又は同法第12条第4項第1号
《信託財産に属する資産及び負債並びに信託財産に帰せられる収益
及び費用の帰属》に規定する退職年金信託若しくは同項第2号に規

定する特定公益信託等の収益の分配金

⑥　相互掛金又は定期積金の給付補填金及び無尽契約の掛金差益

⑦　抵当証券（これに類する外国の証券を含みます。）の利息

⑧　割引債（利付債を含みます。）の償還差益

⑨　手形の割引料

⑩　金銭債権の買取又は立替払に係る差益

⑪　割賦販売法第2条第1項《割賦販売の定義》に規定する割賦販売、同法第2条第2項《ローン提携販売の定義》に規定するローン提携販売、同条第3項《包括信用購入あっせんの定義》に規定する包括信用購入あっせん又は同条第4項《個別信用購入あっせん》に規定する個別信用購入あっせんの手数料（契約においてその額が明示されているものに限られます。）

⑫　割賦販売等に準ずる方法により資産の譲渡等を行う場合の利子又は保証料相当額（その額が契約において明示されている部分に限られます。）

⑬　有価証券（その権利の帰属が社債等振替法の規定による振替口座簿の記載又は記録により定まるものとされるもの及び消費税法施行令第1条第2項第3号《登録国債》に規定する登録国債を含み、ゴルフ場利用株式等を除きます。）の賃貸料

⑭　物上保証料

⑮　共済掛金

⑯　動産又は不動産の貸付けを行う信託で、貸付期間の終了時に未償却残額で譲渡する旨の特約が付けられたものの利子又は保険料相当額（契約において明示されている部分に限られます。）

⑰　所得税法第67条の2第3項《リース取引の範囲》又は法人税法第64条の2第3項《リース取引の範囲》に規定するリース取引でその契約に係るリース料のうち、利子又は保険料相当額（契約において利子又は保険料の額として明示されている部分に限られます。）

⑷－1　郵便切手、印紙などの譲渡

郵便局や印紙売りさばき所等一定の場所における郵便切手類、印紙及び証紙の譲渡など次のものが非課税とされます（法別表第1四イ・ロ、基通6-4-1、6-4-2）。

①　日本郵便株式会社が行う郵便切手類の譲渡

②　簡易郵便局法第7条第1項に規定する委託業務を行う施設又は郵便切手類販売所等一定の場所における郵便切手類及び印紙の譲渡

③　地方公共団体又は売りさばき人が行う証紙の譲渡

（注）　例えば、郵便切手類等がいわゆる「金券ショップ」で販売される場合には課税対象とされます。

⑷－2　商品券、プリペイドカードなどの譲渡

物品切手等の譲渡は非課税とされています（法別表第1四・八、令11）。

物品切手等とは、例えば、商品券、ビール券、図書券のように物品の給付、貸付け又は役務の提供に係る請求権を表彰する証書をいいます（基通6-4-3 ～ 6-4-6）。

イ　次の要件のいずれも満たす証書は、物品切手等として取り扱われます。

①　証書と引換えに一定の物品の給付や貸付け、特定の役務の提供を約するものであること

②　給付請求権利者が証書と引換えに一定の物品の給付や貸付け、特定の役務の提供を受けたことによって、その対価の全部又は一部の支払債務を負担しないものであること

ロ　物品（乗車券を含みます。）の譲渡又は役務の提供を受けるためのカード（プリペイドカード等）その他これに類するもの（数回にわたって任意の金額部分だけの給付を受けるものを含みます。）は、物品切手等に該当します。

(5)－1　国、地方公共団体等の行政手数料など

　住民票・戸籍抄本の交付等の際の手数料など国、地方公共団体等が法令に基づき徴収する手数料等に係る役務の提供は、非課税とされており、例えば、次のものが該当します（法別表第1五イ～ハ、令12、基通6-5-1、6-5-2）。

　　イ　次のすべての要件を満たす手数料等

　　　①　国、地方公共団体、公共法人、公益法人等が法令に基づいて行う事務で、登記、登録、許可、指定、検査、証明、公文書の交付等に係るものであること

　　　②　手数料等の徴収が法令に基づくものであること

　　ロ　イの①に類する一定の登録等（法令にその徴収の根拠が規定されていないもの）

　　ハ　執行官、公証人の手数料

(5)－2　外国為替業務に係る役務の提供

　外国為替及び外国貿易法に規定する外国為替業務に係る役務の提供は非課税とされており、次のものが該当します（法別表第1五ニ、令13、基通6-5-3）。

　　①　外国為替取引

　　②　対外支払手段（信用状、旅行小切手）の発行

　　③　対外支払手段の売買又は債権の売買（本邦通貨をもって支払われる債権の居住者間の売買は除かれます。）

　なお、居住者による非居住者からの証券（外国為替及び外国貿易法第6条第1項第11号に規定する「証券」をいいます。）の取得又は居住者による非居住者に対する証券の譲渡に係る媒介、取次ぎ又は代理については、非課税とされる外国為替業務に係る役務の提供から除かれていることに留意する必要があります。

⑹　社会保険医療など

　公的な医療保障制度に係る療養、医療、施設療養又はこれらに類するものとしての資産の譲渡等は非課税とされており、例えば、次の医療等が該当します（法別表第 1、令 14、基通 6-6-1 ～ 6-6-3 ）。

①　健康保険法、国民健康保険法等の規定に基づく療養の給付等

②　高齢者の医療の確保に関する法律の規定に基づく療養の給付等

③　精神保健及び精神障害者福祉に関する法律の規定に基づく医療、生活保護法の規定に基づく医療扶助のための医療の給付及び医療扶助のための金銭給付に係る医療等

④　公害健康被害の補償等に関する法律の規定に基づく療養の給付等

⑤　労働者災害補償保険法の規定に基づく療養の給付等

⑥　自動車損害賠償保障法の規定による損害賠償額の支払（同法第 72 条第 1 項《業務》の規定による損害を填補するための支払を含みます。）を受けるべき被害者に対する当該支払に係る療養

⑦　その他これらに類するものとして、例えば、学校保健安全法の規定に基づく医療に要する費用の援助に係る医療、母子保健法の規定に基づく養育医療の給付又は養育医療に要する費用の支給に係る医療等、国又は地方公共団体の施策に基づきその要する費用の全部又は一部を国又は地方公共団体により負担される医療及び療養（いわゆる公費負担医療）

⑺　介護保険サービス、社会福祉事業など

　イ　介護保険に係る資産の譲渡等（利用者の選定による一部サービスを除きます。）は非課税とされており、例えば、介護保険法の規定に基づいて行われる次のものが該当します（法別表第 1 七イ、令 14 の 2、基通 6-7-1 ～ 6-7-4 ）。

①　居宅介護サービス費の支給に係る居宅サービス

②　施設介護サービス費の支給に係る施設サービス

③　特例居宅介護サービス費の支給に係る訪問介護等

④　地域密着型介護サービス費の支給に係る地域密着型サービス

⑤　特例地域密着型介護サービス費の支給に係る定期巡回・随時対応型訪問介護看護等

ロ　社会福祉法に規定する社会福祉事業等は非課税とされており、例えば、次の事業に係るものが該当します（法別表第1七ロ・ハ、令14の3、基通6-7-5～6-7-9）。

①　生活保護法に規定する救護施設、更生施設等を経営する事業

②　児童福祉法に規定する乳児院、母子生活支援施設、児童養護施設、助産施設、保育所等を経営する事業

③　老人福祉法に規定する養護老人ホーム等を経営する事業

④　児童福祉法、老人福祉法、身体障害者福祉法等に規定する児童自立生活援助事業、老人デイサービス事業、介助犬訓練事業などの事業

⑤　更生保護事業法に規定する更生保護事業

なお、授産施設等における生産活動としての作業に基づく資産の譲渡等は課税対象とされます。

(8)　助産

医師、助産師その他医療に関する施設の開設者による助産に係る資産の譲渡等は非課税とされており、例えば、次のものが該当します。（法別表第1八、基通6-8-1～6-8-3）。

①　妊娠しているか否の検査

②　妊娠していることが判明した時以降の検診、入院、分娩の介助

③　出産の日以後2月内に行われる母体回復検診

④　新生児に係る検診及び入院

なお、保険診療に係る部分は(6)の公的医療として非課税とされます。

⑼　**埋葬料、火葬料**

　墓地、埋葬等に関する法律に規定する次のものは非課税とされています（法別表第1九、基通6-9-1、6-9-2）。

　①　死体を土中に葬るための埋葬料

　②　死体を葬るために焼く場合の火葬料

　なお、葬儀業者等に支払う葬儀料は課税対象とされます。

⑽　**一定の身体障害者用物品の譲渡など**

　身体障害者の使用に供するための特殊な性状、構造又は機能を有する物品の譲渡、貸付け等は非課税とされています（法別表第1十）。

　　イ　非課税の対象とされる身体障害者用物品とは、義肢、盲人安全つえ、義眼、点字器、車椅子等で身体障害者の使用に供するための特殊な性状、構造又は機能を有するものとして厚生労働大臣が財務大臣と協議して指定されたものです（令14の4①、基通6-10-1～6-10-4）。

　　ロ　非課税とされる資産の譲渡等は、身体障害者用物品の譲渡、貸付け及び製作の請負並びに身体障害者用物品のうち一定のものの修理とされています（令14の4②、平成3年6月7日厚生省告示第130号）。

⑾　**一定の学校の授業料、入学金、施設設備費など**

　学校、専修学校、各種学校等の授業料、入学金、施設設備費等で、例えば、次のもの（学校教育法に規定する学校、専修学校、各種学校及び職業能力開発校等において行われるものに限ります。）が非課税とされます（法別表第1十一、令14の5、基通6-11-1～6-11-6）。

　①　授業料

　②　入学金及び入園料

　③　施設設備費

④ 入学・入園検定料

⑤ 在学証明、成績証明等に係る手数料

⑿ 教科用図書の譲渡

次のものが非課税とされています（法別表第1十二、基通6-12-1～6-12-3）。

① 文部科学大臣の検定を受けた教科用図書の譲渡

② 文部科学省が著作の名義を有する教科用図書の譲渡

⒀ 住宅の貸付け

住宅の貸付けは非課税とされています（法別表第1十三）。

イ 住宅とは、人の居住の用に供する家屋又は家屋のうち人の居住の用に供する部分をいい、一戸建ての住宅のほか、マンション、アパート、社宅、寮等が含まれます。

ロ 契約において人の居住の用に供することが明らかにされているものに限られ、その貸付けに係る期間が1月に満たない場合又はその貸付けが旅館業法に規定する旅館業に係る施設の貸付けに該当する場合（旅館、ホテル等）は除かれます（令16の2、基通6-13-4）。

3 非課税となる輸入取引

国内における非課税取引とのバランスを図るため、保税地域から引き取られる外国貨物のうち、次に掲げるものが非課税とされています（法6②、別表第2）。

① 有価証券等

② 郵便切手類

③ 印紙

④ 証紙

⑤　物品切手等

⑥　身体障害者用物品

⑦　教科用図書

消費税制度の特徴（所得税、法人税との相違点）

　所得税や法人税はいずれも事業活動により得た利益（所得）に課される税です。

　例えば、法人税の所得金額はその事業年度の益金の額から損金の額を控除して計算しますが、この場合の益金の額又は損金の額に算入すべき収益の額又は原価、費用及び損失の額については、法人税法第22条に基本となる規定が設けられ、法令に別段の定めがあるものを除き、一般に公正妥当と認められる会計処理の基準に従って計算するものとされています。

　また、費用や収益の認識に当たっては、発生主義ないし実現主義の考え方に準拠しており、期間損益計算に当たっては、費用、収益は対応していなければならないとするいわゆる費用収益対応の原則が採られていて、期間損益計算に当たっては、収益はその期間に実現したものを計上し、費用はその収益を得るのに要したものを計上して損益を算定しなければならないとされています。

　一方、消費税は、事業者が行う資産の譲渡等に課される税であり、取引の都度、納税義務が成立し、その課税物件は個々の資産の譲渡等の対価の額となります。

　また、課税売上げに係る消費税額から課税仕入れ等に係る消費税額を控除して納付すべき消費税額を算出することとなりますが、この場合の課税仕入れとは、企業会計において一般に仕入れとされている棚卸商品や原材料の購入のほか、建物や機械の購入、賃借及び賃加工や運送等のサービスの購入を含む幅広い概念です。

　したがって、事業者が事業を遂行していくために必要とする資産の譲り受け若しくは借り受け又は役務の提供を受けるもので、対価性を有するものの一切を含むものであり、そこには、期末棚卸高の算定、製造原価及び売上原価の計算、固定資産の減価償却額計算など、企業会計における費用収益対応の原則に基づく期間損益の計算の概念が考慮されていないところが、所得課税の各税法と大きく異なる点になっています。

Ⅲ　免税

1　輸出取引等に係る免税

　免税とは、国内において行う課税資産の譲渡等のうち一定の要件を満たした場合に、資産の譲渡等について課税されるべき消費税を免除することをいいます。この免税売上げに要する課税仕入れに係る消費税については、非課税売上げに要する課税仕入れと異なり、仕入税額控除の対象となりますから、結果的に、免税は税率を0%にする効果があります。

　消費税は、国際的慣行に即して国内において消費される財貨やサービスに対して税負担を求めることとされていますから、貨物を輸出する場合など外国で消費されるものや国際通信、国際輸送など輸出に類似する取引については、消費税を免除することとされています（法7、8）。

Interval

消費課税における国際的な課税方式

　国際的二重課税を排除するための消費税の課税の仕方には、二つの考え方があります。

　一つは財貨やサービスを生み出す国（輸出国）に課税権があるとする原産地主義であり、これに対し、財貨やサービスを消費する国（輸入国）に課税権があるとする消費地課税主義又は仕向地主義です。

　我が国は、国際慣行に従って、国内において消費される財貨やサービスに対して税負担を求めることとしていますから、消費地課税主義又は仕向地主義を採用しており、輸入に課税するとともに、輸出を免税にするという国境税調整を行っています。これにより、国内に税負担を求める一方で、国外に税負担が及ばないようにしているということです。

(1) 輸出免税の適用範囲

　資産の譲渡等のうち輸出免税等の規定により消費税が免除されるのは、その資産の譲渡等が次の要件を満たしているものに限られます（基通7-1-1）。

　イ　課税事業者によって行われるものであること

　ロ　国内において行われるものであること

　ハ　消費税法第31条第1項及び第2項《非課税資産の輸出等を行った場合の仕入れに係る消費税額の控除の特例》の適用がある場合を除き、課税資産の譲渡等に該当するものであること

　ニ　消費税法第7条第1項各号に掲げるものに該当するものであること

　ホ　消費税法第7条第1項各号に掲げるものであることにつき、証明がなされたものであること

(2) 輸出取引等の範囲（輸出に類似した取引を含みます。）

　輸出免税の対象となる主な取引は、次のとおりです（法7①）。

　イ　本邦からの輸出として行われる資産の譲渡又は貸付け（典型的な輸出取引）（法7①一）

> ※　最終的に輸出される資産に係る資産の譲渡等であっても、例えば、次のような取引については、輸出免税の規定は、適用されません（基通7-2-2）。
> ① 輸出する物品の製造のための下請加工
> ② 輸出取引を行う事業者に対する国内での資産の譲渡等

　ロ　外国貨物の譲渡又は貸付け（法7①二）

　　　輸入した貨物について、輸入手続を行わないで外国貨物のまま転売等する場合などが該当します。

　ハ　国内と国外の間の旅客や貨物の輸送又は通信（国際輸送、国際通

信）（法7①三）

ニ　外航船舶等の譲渡又は貸付け、修理で、船舶運航事業者等に対する もの（法7①四、令17①）

ホ　外国貨物の荷役、運送、保管、検数、鑑定その他これらに類する 外国貨物に係る役務の提供（令17②四）

ヘ　国内と国外の間の郵便又は信書便（国際郵便）（令17②五）

ト　非居住者に対する無形固定資産等の譲渡又は貸付け（令17②六）

チ　非居住者に対する役務の提供で次に掲げるもの以外のもの（令 17②七）

(イ)　国内に所在する資産に係る運送又は保管

(ロ)　国内における飲食又は宿泊

(ハ)　(イ)又は(ロ)に準ずるもので国内において直接便益を供するもの

(3)　輸出証明書等の保存

　これらの輸出取引等の免税の適用を受けるためには、税関長が発行する「輸出証明書」など輸出の事実を証明する所定の書類又は帳簿を整理し、その輸出等を行った課税期間の末日の翌日から2月を経過した日から7年間、これを納税地又はその取引に係る事務所、事業所その他これらに準ずるものの所在地に保存することにより、その取引が輸出取引等に該当することを証明する必要があります。（法7②、規5）。

> ※　免税の適用を受けるための証明
> ①　(2)のイのうち輸出の許可を受ける貨物の場合
> 　➡　輸出許可書（税関長が証明した書類）
> ②　(2)のイのうち郵便物として輸出する場合（資産の価額が20万円を超えるとき）
> 　➡　輸出許可書（税関長が証明した書類）
> ③　(2)のイのうち郵便物として輸出する場合（資産の価額が20万円以下のとき）

➡　帳簿又は書類
④　(2)のロのうち国内と国外との間の通信又は郵便若しくは信書便の場合
➡　帳簿又は書類
⑤　(2)のその他の取引の場合
➡　契約書その他の書類

2　輸出物品販売場における輸出物品の譲渡に係る免税

(1)　制度の概要

　輸出物品販売場（免税店）を経営する事業者が、外国人旅行者などの非居住者に対して免税対象物品を一定の方法で販売する場合には、消費税が免除されます（法8①、令18①⑦⑧）。

　なお、非居住者が日本国内で購入した免税対象物品を、土産品等として日本国外へ持ち帰ることが実質的に輸出と同様であるため、この制度が設けられているものですから、その非居住者が購入した免税対象物品を携帯等の方法により日本国外に持ち出して消費することを前提としており、非居住者が購入するという理由で免税されるものではありません。

※　免税販売手続の電子化
　輸出物品販売場における免税販売手続については、これまで輸出物品販売場において書面により行われていた購入記録票の作成等の手続が廃止され、輸出物品販売場を経営する事業者は、購入記録情報（購入者（非居住者）から提供を受けた旅券等に記載された情報及び購入の事実を記録した電磁的記録（データ））を、電子情報処理組織を使用して（インターネット回線等を通じて電子的に）、遅滞なく国税庁長官へ提供することとされました。
　この免税販売手続の改正は、令和2年4月1日以後行う免税販売から適

用され、電子化に対応しない輸出物品販売場の経営者は、免税販売を行う
ことはできなくなります。なお、令和3年9月30日までの間は、経過措
置として従来の書面による免税販売手続ができることとされています。

(2)　輸出物品販売場の区分

イ　一般型輸出物品販売場

　　輸出物品販売場において非居住者に対して譲渡する免税対象物品
に係る免税販売手続について、輸出物品販売場を経営する事業者が
その販売場においてのみ行う輸出物品販売場をいいます（令18の2
②一）。

　　一般型輸出物品販売場を開設しようとする事業者は、販売場ごと
に事業者の納税地を所轄する税務署長の許可を受ける必要がありま
す（法8⑥、令18の2②一、基通8-2-1(1)）。

ロ　手続委託型輸出物品販売場

　　輸出物品販売場において非居住者に対して譲渡する免税対象物品
に係る免税販売手続について、その販売場の所在する商店街やショ
ッピングセンター等の法令に定められた場所又は施設（特定商業施
設）内に、免税販売手続を代理するための設備（免税手続カウンタ
ー）を設置する事業者（承認免税手続事業者）が、免税販売手続を
代理する輸出物品販売場をいいます。

　　手続委託型輸出物品販売場を開設しようとする事業者は、販売場
ごとに事業者の納税地を所轄する税務署長の許可を受ける必要があ
ります（令18の2②二、基通8-2-1）し、また、免税手続カウンタ
ーを設置しようとする事業者は、特定商業施設ごとに事業者の納税
地を所轄する税務署長の承認が必要です（法8⑥、令18の2②二、
基通8-2-1(2)）。

　ハ　臨時販売場制度

　　輸出物品販売場を経営する事業者が、臨時販売場（7か月以内の期間を定めて設置する販売場をいいます。）を設置する事業者としてあらかじめ納税地を所轄する税務署長の承認を受け、臨時販売場を設置する日の前日までに納税地を所轄する税務署長に「臨時販売場設置届出書」を提出した場合には、その臨時販売場において免税販売を行うことができます（法8⑧⑨）。

　　なお、臨時販売場における免税販売手続は、「臨時販売場設置届出書」に記載した免税販売手続の区分（一般型又は手続委託型）に応じて行うこととなります。

(3)　非居住者

　非居住者とは、外国為替及び外国貿易法第 6 条第 1 項第 6 号《定義》に規定する非居住をいい、外国人旅行者など日本国内に住所又は居所を有しない者が該当します。

(4)　免税対象物品

　免税対象となる物品は、次のいずれにも該当するものです（法8①、令18①二、18⑧、基通 8-1-2、8-1-2 の 2）。

　イ　通常生活の用に供する物品であること

　ロ　一般物品と消耗品との別に、同一の輸出物品販売場における 1 日の同一の非居住者に対する販売価額の合計額が、一般物品は 5,000 円以上、消耗品は 5,000 円以上 50 万円以下であるもの。

> ※　免税対象とならない物品
> ・事業用又は販売用として購入する物品（通常生活の用に供する物品以外のもの）
> ・金又は白金の地金

―Keyword―――――――――――――――――――

<消耗品>通常生活の用に供する物品のうち食品類、飲料類、薬品類、化
粧品類その他の消耗品をいいます。

<一般物品>消耗品以外のものをいいます。

3 その他の免税（消費税法以外の法律に基づくもの）

① 外航船舶等に積み込む物品の譲渡（措法85①）

② 外国公館等に対する課税資産の譲渡等（措法86①）

③ 海軍販売所等に対する物品の譲渡（措法86の2①）

④ 合衆国軍隊等に対する資産の譲渡等（所得臨特法7①等）

Interval

免税と非課税の違いは？

免税と非課税では、前段階税額控除の適用に大きな違いが生じます。

免税取引はそもそも課税取引となるものであり、本来であれば課税され
る消費税を免除するものですので、その免税取引のために支出した前段階
の課税仕入れに係る税額については、仕入税額控除の対象となります。

一方で、非課税取引は資産の譲渡等の取引ではあるものの、課税取引と
しないものであり、その非課税取引のために支出した前段階の課税仕入れ
に係る税額については、仕入税額控除の対象とすることはできません。

また、免税売上げは課税売上割合の分母・分子に算入されますが、非課
税売上げは課税売上割合の分母のみに算入されます。

納税義務者

1　国内取引の納税義務者

　国内取引の納税義務者は、国内において課税資産の譲渡等（特定資産の譲渡等に該当するものを除きます。）及び特定課税仕入れ（課税仕入れのうち特定仕入れに該当するものをいいます。）を行った事業者とされています（法5①）。

　したがって、国外事業者であっても、国内において課税資産の譲渡等を行う事業者は納税義務者となります。

―Keyword――――――――――――――――――――――

　<事業者>個人事業者及び法人をいい、国、地方公共団体、公共法人、公
　　益法人等、人格のない社団等（以下「国等」といいます。）も含まれま
　　す（法2①四、3、5①）。

2　特定課税仕入れを行った事業者の納税義務
##　　（リバースチャージ方式）

　特定資産の譲渡等に該当する事業者向け電気通信利用役務の提供及び特定役務の提供については、これを受けた国内の事業者に特定課税仕入れとして納税義務が課される一方で、これらの役務の提供を行った国外事業者には納税義務を課さないこととされています（このことを「リバースチャージ方式」といいます。）（法5①）。

　このうち、電気通信利用役務の提供については、事業者向け電気通信利用役務の提供とそれ以外のもの（消費者向け電気通信利用役務の提供）に区分されますが、国外事業者から受けた事業者向け電気通信利用役務

の提供については、その役務の提供を受けた国内の事業者がリバースチャージ方式により、申告・納税を行うことになります。

> ※　その課税期間の課税売上割合が95％以上の事業者や、簡易課税制度が適用される事業者は、事業者向け電気通信利用役務の提供又は特定役務の提供を受けた場合であっても、当分の間、その役務の提供に係る仕入れはなかったものとされますので、その課税期間の消費税の確定申告では、その仕入れは課税標準額、仕入控除税額のいずれにも含めないことになります（リバースチャージ方式による申告は必要ありません。）（平成27改正法附則42、44②）。
> ※　電気通信利用役務の提供のうち、「消費者向け電気通信利用役務の提供」については、その役務の提供を行った事業者が申告・納税を行う（国外事業者申告納税方式といいます。）こととなります。
> 　日本に事務所等を有しない国外の納税義務者は、国内に書類送達等の宛先となる居住者（納税管理人）を置くこととなります。

3　輸入取引の納税義務者

　輸入取引の納税義務者は、課税貨物を保税地域から引き取る者です（法5②）。

　国内取引については、事業者が納税義務者となりますが、輸入取引については、事業者のほか事業者ではない消費者個人が輸入者となる場合も納税義務者となります。これは、消費者個人が直接物品を輸入した際に課税することとしなければ、国内取引との間に不均衡が生じるからです。

4　小規模事業者等の納税義務の免除

⑴　小規模事業者の納税義務の免除

　小規模事業者の納税事務の負担に配慮して、原則として、その課税期

間の基準期間における課税売上高が 1,000 万円以下の事業者は、その課税期間において国内で行った課税資産の譲渡等及び特定課税仕入れについて、納税義務が免除されます（この事業者を「免税事業者」といいます。）（法9①、基通 1-4-1）。

───*Keyword*────────────────────────

<課税期間>事業者が納付すべき又は還付を受けるべき消費税額を計算する場合の計算期間をいい、原則、個人事業者についてはその年の1月1日から12月31日までの期間（暦年）（法19①一）、法人については事業年度（法19①二）となります。

<基準期間>納税義務の有無を判定する基準となる期間をいいます（法2①十四）。

　個人事業者はその年の前々年、法人はその事業年度の前々事業年度（その前々事業年度が1年未満である法人は、その事業年度開始の日の2年前の日の前日から同日以後1年を経過する日までの間に開始した各事業年度を合わせた期間）をいいます。

<基準期間における課税売上高>基準期間中の国内において行った課税資産の譲渡等の対価の額の合計額（税抜き）から、売上げの返品、値引き、割戻しの金額（税抜き）を控除した金額をいい、基準期間が1年でない法人については、その金額を1年分に換算した金額となります（法9②一、二）。

　なお、基準期間が免税事業者の場合は、収受した金額が課税売上高になるので、税抜きにすることはできません（基通 1-4-5）。

────────────────────────────────────

⑵　特定期間における課税売上高による納税義務の免除の特例

　個人事業者のその年又は法人のその事業年度の基準期間における課税売上高が 1,000 万円以下である場合において、その個人事業者又は法人（課税事業者を選択している者を除きます。）のうち、その個人事業者のその年又は法人のその事業年度に係る特定期間における課税売上高が

1,000 万円を超えるときは、その個人事業者のその年又は法人のその事業年度について、納税義務は免除されません（法 9 の 2 ①）。

　この場合、個人事業者又は法人が特定期間中に支払った所得税法に規定する支払明細書に記載すべき給与等の金額に相当するものの合計額を、特定期間における課税売上高とすることができます（法 9 の 2 ③、基通 1-5-23）。

─ *Keyword* ─

＜特定期間＞①個人事業者のその年の前年 1 月 1 日から 6 月 30 日までの期間、②その事業年度の前事業年度（ 7 月以下であるものその他一定のもの（③において「短期事業年度」といいます。）を除きます。）がある法人のその前事業年度開始の日以後 6 月の期間、③その事業年度の前事業年度が短期事業年度である法人のその事業年度の前々事業年度（その事業年度の基準期間に含まれるものその他一定のものを除きます。）開始の日以後 6 月の期間（その前々事業年度が 6 月以下の場合には、その前々事業年度開始の日からその終了の日までの期間）をいいます（法 9 の 2 ④、令 20 の 5 ）。

※　特定期間の課税売上高と給与等の金額のいずれの基準で判断するかは事業者の選択に委ねられていますので、いずれか一方の金額が 1,000 万円を超えている場合であっても、他方の金額が 1,000 万円以下であるときには、免税事業者と判定することができます。

（法人の場合の例）

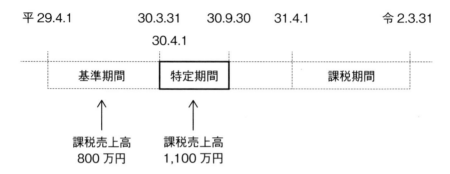

⇨   基準期間における課税売上高が 1,000 万円以下ですが、特定期間の課税売上高が 1,000 万円を超えるため課税期間の納税義務が免除されません（法9の2①）。

5　課税事業者の選択

⑴　課税事業者の選択

　免税事業者は課税事業者になることを選択することができ、「消費税課税事業者選択届出書」を所轄税務署長に提出した場合には、原則として、提出した日の属する課税期間の翌課税期間以後は課税事業者になることができます（法9④、基通 1-4-11）。

　なお、提出した日の属する課税期間が課税資産の譲渡等に係る事業を開始した課税期間（法人の場合は、設立の日の属する課税期間が該当します。）など一定の課税期間であるときは、その提出のあった日の属する課税期間から課税事業者になることができます。

⑵　課税事業者の選択をやめようとするとき

　課税事業者を選択した事業者が選択をやめようとするときは、所轄税務署長に「消費税課税事業者選択不適用届出書」の提出しなければならないこととされており（法9⑤）、不適用届出書を提出した場合には、

　その提出をした日の属する課税期間の翌課税期間以後、課税事業者選択届出書の効力は失われます。

　また、この不適用届出書は、事業を廃止した場合を除き、課税事業者の選択によって納税義務者となった課税期間の初日から2年を経過する日の属する課税期間の初日以後でなければ提出することができません（法9⑥）。したがって、最低2年間は課税事業者として申告・納税義務を負うこととなります。

(3)　課税事業者選択届出書の効力

　課税事業者選択届出書を提出して課税事業者となった後において基準期間の課税売上高が1,000万円を超えた場合であっても、「課税事業者選択不適用届出書」を提出しない限り課税事業者選択届出書の効力は存続します。したがって、この場合は、その後、基準期間の課税売上高が1,000万円以下の課税期間があったとしても課税事業者となります（基通1-4-11）。

(4)　調整対象固定資産の課税仕入れ等を行った場合の消費税課税事業者選択不適用届出書の提出制限

　「消費税課税事業者選択届出書」を提出した事業者は、課税事業者となった日から2年を経過する日までの間に開始した各課税期間中に調整対象固定資産の課税仕入れ等を行い、かつ、その仕入れた日の属する課税期間の確定申告を一般課税で行う場合には、調整対象固定資産の課税仕入れ等を行った日の属する課税期間の初日から原則として3年間は、免税事業者となることはできません。また、簡易課税制度を選択して申告することもできません（法9⑦、37③）。

┌ Keyword ────────────────────

＜調整対象固定資産＞建物、構築物、機械及び装置、船舶、航空機、車両

及び運搬具、工具、器具及び備品、鉱業権その他の資産で、一の取引単

位につき、課税仕入れ等の金額（税抜き）が100万円以上のものをいい

ます（法2①十六、令5）。

└──────────────────────────

6　納税義務が免除されない場合

(1)　基準期間のない法人の納税義務の免除の特例

　イ　新設法人の納税義務の免除の特例

　　　その事業年度の基準期間がない法人（社会福祉法人を除きます。）

　　のうち、その事業年度開始の日における資本金の額又は出資の金額

　　が1,000万円以上である法人（新設法人）については、その基準期

　　間がない事業年度（課税期間）の納税義務は免除されません（法12

　　の2①）。

　ロ　特定新規設立法人の納税義務の免除の特例

　　　その事業年度の基準期間がない法人（新設法人及び社会福祉法人を

　　除きます。）のうち、その事業年度の開始の日における資本金の額

　　又は出資の金額が1,000万円未満の法人のうち、次の①、②の要件

　　をともに満たす法人（特定新規設立法人）については、その基準期

　　間のない事業年度（課税期間）の納税義務は免除されません（法12

　　の3）。

　　①　他の者により株式等の50％超を直接又は間接に保有されてい

　　　る場合など、他の者により当該新規設立法人が支配される一定の

　　　場合（特定要件）に該当すること

　　②　特定要件に該当するかどうかの判定の基礎となった他の者及び

　　　その他の者と一定の特殊な関係にある法人のうちいずれかの者

　　　（判定対象者）の新規設立法人のその事業年度の基準期間に相当

する期間（基準期間相当期間）における課税売上高が5億円を超えていること

(2)　高額特定資産を取得した場合の納税義務の免除の特例

課税事業者が、簡易課税制度の適用を受けない課税期間中に高額特定資産の課税仕入れ等を行った場合には、高額特定資産の仕入れ等の日の属する課税期間の翌課税期間から高額特定資産の仕入れ等の課税期間の初日以後3年を経過する日の属する課税期間までの各課税期間については、納税義務が免除されず、簡易課税制度を選択することもできません（法12の4、37③）。

なお、自己建設高額特定資産については、自己建設高額特定資産の建設等に要した課税仕入れ等の金額の累計額が1,000万円以上となった日の属する課税期間の翌課税期間から高額特定資産の建設等が完了した日の属する課税期間の初日以後3年を経過する日の属する課税期間までの各課税期間については、納税義務が免除されず、簡易課税制度を選択することもできません。

Keyword

<高額特定資産>棚卸資産及び調整対象固定資産のうち、一の取引単位につき、課税仕入れ等の金額（税抜き）が1,000万円以上のものをいいます（法12の4、令25の5①一）。

<自己建設高額特定資産>他の者との契約に基づき、又は棚卸資産若しくは調整対象固定資産として自ら建設等をした高額特定資産をいいます（令25の5①二）。

---

(3)　相続があった場合の納税義務の免除の特例

免税事業者である相続人が相続（包括遺贈を含みます。）により課税事業者である被相続人（包括遺贈者を含みます。）の事業を承継した場合には、相続のあった年については、相続のあった日の翌日からその年の

12月31日までの間はその相続人の納税義務は免除されません（法10
①、令21）。

　また、その年の前年又は前々年において免税事業者である相続人が相
続（包括遺贈を含みます。）により被相続人の事業を承継した場合は、相
続人のその基準期間の課税売上高と被相続人のその基準期間の課税売上
高との合計額が1,000万円を超えるときは、相続人のその年の納税義務
は免除されません（法10②、令21）。

(4)　合併等があった場合の納税義務の免除の特例

　イ　合併があった場合

　　(イ)　吸収合併の場合

　　　A　合併があった事業年度

　　　　合併法人（合併後存続する法人）の合併があった日の属する
　　　事業年度の基準期間に対応する期間における被合併法人（合併
　　　により消滅した法人）の課税売上高として一定の方法により計
　　　算した金額（被合併法人が2以上ある場合には、いずれかの被合
　　　併法人に係る当該金額）が1,000万円を超えるときは、合併があ
　　　った日から合併があった日の属する事業年度終了の日までの間
　　　については、納税義務が免除されません（法11①、令22①）。

　　　B　合併があった事業年度の翌事業年度と翌々事業年度

　　　　合併法人のその事業年度の基準期間における課税売上高と合
　　　併法人のその事業年度の基準期間に対応する期間における被合
　　　併法人の課税売上高として一定の方法により計算した金額（被
　　　合併法人が2以上ある場合には、各被合併法人に係る金額の合計
　　　額）との合計額が1,000万円を超えるときは、合併法人のその
　　　事業年度については、納税義務が免除されません（法11②、令
　　　22②）。

　　　　(ロ)　新設合併の場合

　　　　　A　合併があった事業年度

　　　　　　新設法人（合併により設立された法人）の合併があった日の属
　　　　する事業年度の基準期間に対応する期間における被合併法人の
　　　　課税売上高として一定の方法により計算した金額のいずれかが
　　　　1,000万円を超えるときは、新設法人の合併があった日の属す
　　　　る事業年度については、納税義務が免除されません（法11③、
　　　　令22③）。

　　　　　B　合併があった事業年度の翌事業年度と翌々事業年度

　　　　　　新設法人のその事業年度の基準期間における課税売上高と新
　　　　設法人のその事業年度の基準期間に対応する期間における各被
　　　　合併法人の課税売上高として一定の方法により計算した金額の
　　　　合計額との合計額が1,000万円を超えるときは、新設法人のそ
　　　　の事業年度については、納税義務が免除されません（法11④、
　　　　令22④～⑥）。

　　ロ　分割又は吸収分割があった場合

　　　(イ)　分割等（新設分割、現物出資、事後設立）に係る新設分割子法人
　　　の納税義務

　　　　　A　分割等があった事業年度

　　　　　　新設分割子法人（分割等により設立された法人又は資産の譲渡
　　　　を受けた法人）の分割等があった日の属する事業年度の基準期
　　　　間に対応する期間における新設分割親法人（分割等を行った法
　　　　人）の課税売上高として一定の方法により計算した金額（新設
　　　　分割親法人が2以上ある場合には、いずれかの新設分割親法人に係
　　　　る金額）が1,000万円を超えるときは、新設分割子法人のその
　　　　分割等があった日から分割等があった事業年度終了の日までの
　　　　間については、納税義務が免除されません（法12①、令23①）。

B　分割等があった事業年度の翌事業年度

新設分割子法人のその事業年度の基準期間に対応する期間における新設分割親法人の課税売上高として一定の方法により計算した金額（新設分割親法人が 2 以上ある場合には、いずれかの新設分割親法人に係る金額）が 1,000 万円を超えるときは、新設分割子法人のその事業年度については、納税義務が免除されません（法 12 ②、令 23 ②）。

C　分割等（新設分割親法人が 1 つの場合に限られます。）があった事業年度の翌々事業年度以後の事業年度

その事業年度の基準期間の末日において当該新設分割子法人が特定要件に該当し、かつ、新設分割子法人のその事業年度の基準期間における課税売上高として一定の方法により計算した金額と新設分割子法人のその事業年度の基準期間に対応する期間における新設分割親法人の課税売上高として一定の方法により計算した金額との合計額が 1,000 万円を超えるときは、新設分割子法人のその事業年度については、納税義務が免除されません（法 12 ③、令 23 ③④）。

─Keyword─

＜特定要件＞新設分割子法人の発行済株式又は出資（その新設分割子法人が有する自己の株式又は出資を除きます。）の総数又は総額の 100 分の 50 を超える数又は金額の株式又は出資を新設分割親法人及びその新設分割親法人と特殊な関係にある者が所有している場合をいいます。

㈣　分割等に係る新設分割親法人の納税義務

分割等（新設分割親法人が 1 つの場合に限ります。）があった事業年度の翌々事業年度以後の事業年度

その事業年度の基準期間の末日において新設分割子法人が特定

要件に該当し、かつ、その新設分割親法人のその事業年度の基準期間における課税売上高と新設分割親法人の当該事業年度の基準期間に対応する期間における新設分割子法人の課税売上高として一定の方法により計算した金額との合計額が1,000万円を超えるときは、新設分割親法人のその事業年度については、納税義務が免除されません（法12④、令23⑤）。

なお、分割等があった事業年度とその事業年度の翌事業年度の新設分割親法人については、新設分割親法人の基準期間における課税売上高のみによって納税義務の有無を判定することとされています。

(ハ)　吸収分割（会社法第2条第29号に規定する吸収分割）に係る分割承継法人の納税義務

A　吸収分割があった事業年度

分割承継法人の吸収分割があった日の属する事業年度の基準期間に対応する期間における分割法人の課税売上高として一定の方法により計算した金額（分割法人が2以上ある場合には、いずれかの分割法人に係る当該金額）が1,000万円を超えるときは、分割承継法人のその吸収分割があった日の属する事業年度の吸収分割があった日から吸収分割があった事業年度終了の日までの間については、納税義務が免除されません（法12⑤、令23⑥）。

B　吸収分割があった事業年度の翌事業年度

分割承継法人のその事業年度の基準期間に対応する期間における分割法人の課税売上高として一定の方法により計算した金額（分割法人が2以上ある場合には、いずれかの分割法人に係る当該金額）が1,000万円を超えるときは、分割承継法人のその事業年度については、納税義務が免除されません（法12⑥、令23⑦）。

　C　吸収分割があった事業年度の翌々事業年度以後の事業年度

　　吸収分割があった事業年度の翌々事業年度以後の分割承継法人の納税義務については、分割承継法人の基準期間における課税売上高のみによって判定することとされています。

㈢　吸収分割に係る分割法人の納税義務

　　分割法人については、分割法人の基準期間における課税売上高のみによって納税義務の有無を判定することとされています。

 課税期間

1 課税期間

　課税期間とは、課税事業者が納付すべき消費税額又は還付を受ける消費税額の計算期間をいいますが、事業者の区分に応じそれぞれ次の期間となります（法19①）。

(1) 個人事業者の課税期間

　個人事業者の課税期間は、1月1日から12月31日までの期間であり（法19①一）、年の中途で新たに事業を開始した場合又は事業を廃止した場合においても、課税期間の開始の日は1月1日、終了の日は12月31日となります（基通3-1-1、基通3-1-2）。

(2) 法人の課税期間

　法人の課税期間は、その法人の事業年度であり（法19①二）、法人の設立後、最初の課税期間の開始の日は設立の日となります。また、組織変更等の場合は、組織変更等前の事業年度をそのまま継続します（基通3-2-1、基通3-2-2）。

2 課税期間の特例

(1) 課税期間の特例の概要

　輸出事業者など継続的に還付を受けている事業者が早期に還付を受けたい場合など、「消費税課税期間特例選択・変更届出書」を提出した事業者は、課税期間を3か月又は1か月ごとに区分した期間に短縮するこ

とができます。

　この特例を選択した事業者は、その短縮した課税期間ごとに消費税額を計算して申告、納付をすることになります。

　イ　課税期間を3か月ごとに区分する場合

　　(イ)　個人事業者の場合は、次の期間が課税期間になります。

　　　①　1月から3月

　　　②　4月から6月

　　　③　7月から9月

　　　④　10月から12月

　　(ロ)　法人の場合は、事業年度の開始日以後、3か月ごとに区分した各期間が課税期間になります。なお、最後に3か月未満の期間が生じたときは、その3か月未満の期間が課税期間になります。

　ロ　課税期間を1か月ごとに区分する場合

　　(イ)　個人事業者の場合は、1月1日以後、1か月ごとに区分した各期間が課税期間になります。

　　(ロ)　法人の場合は、事業年度の開始日以後、1か月ごとに区分した各期間が課税期間になります。なお、最後に1か月未満の期間が生じたときは、その1か月未満の期間が課税期間になります。

(2)　課税期間の特例の選択

　個人事業者及び事業年度が1か月を超える法人が、課税期間の特例を受けようとするとき又は既に課税期間の特例を受けている事業者が他の課税期間の特例に変更しようとするときは、所轄税務署長にその旨の届出書（消費税課税期間特例選択・変更届出書）を適用を受けようとする課税期間の初日の前日までに提出することにより、その課税期間を1か月又は3か月単位にすることができます（法19①三〜四の二）。

　なお、届出書を提出した日の属する期間が事業を開始した日の属する期間であった場合などの一定の場合には、その提出した日の属する課税

期間からこの特例の適用を受けることができます（法19②、令41）。

> ※　この届出書を提出して課税期間の特例制度を適用している事業者は、その課税期間の基準期間における課税売上高が1,000万円以下となったことにより免税事業者となった場合でも、届出の効果は継続していますから、再び基準期間における課税売上高が1,000万円を超えることとなった課税期間においては、課税期間の特例制度を適用することとなります（基通3-3-1）。

(3)　特例の選択をやめようとするとき

　課税期間の特例を選択した事業者が、特例をやめようとするときは、その旨の届出書（消費税課税期間特例選択不適用届出書）を提出しなければなりません（法19③）。

> ※　事業を廃止した場合を除き、選択する旨の届出書の効力が生ずる日から2年を経過する日の属する期間の初日以後でなければ他の課税期間の特例に変更する届出書及び特例をやめようとする届出書は提出することができません（法19⑤）。

Ⅵ 納税義務の成立

1 国内取引の納税義務の成立時期

　国内取引の納税義務の成立の時期は、課税資産の譲渡等又は特定課税仕入れをした時となります（通則法15②七）。

　国内取引について、具体的な納税義務の成立の時期を、取引の態様に応じて例示すると、次のとおりとなります（基通9-1-1〜9-1-30参照）。

取引の態様		納税義務の成立時期（原則）
資産の譲渡	棚卸資産の譲渡（委託販売等を除く。）	その引渡しがあった日
	固定資産の譲渡（工業所有権等を除く。）	その引渡しがあった日
	工業所有権等の譲渡又は実施権の設定	その譲渡又は実施権の設定に関する契約の効力の発生の日
資産の貸付け	・契約又は慣習により使用料等の支払日が定められているもの	その支払を受けるべき日
	・支払日が定められていないもの	その支払を受けた日（請求があったときに支払うべきものとされているものにあっては、その請求日）
役務の提供	請負 ・物の引渡しを要するもの	その目的物の全部を完成して相手方に引き渡した日
	・物の引渡しを要しないもの	その約した役務の全部を完了した日
	人的役務の提供（請負を除く。）	その人的役務の提供を完了した日

> ※　「棚卸資産の引渡しがあった日」がいつであるかについては、例えば、
> 出荷した日、相手方が検収した日、相手方において使用収益ができるこ
> ととなった日、検針等により販売数量を確認した日等、棚卸資産の種類
> 及び性質、その販売に係る契約の内容などに応じ、その引渡しの日とし
> て合理的であると認められる日のうち、事業者が継続して棚卸資産の譲
> 渡を行ったこととしている日によるものとされています（基通9-1-2）。
> ※　棚卸資産の委託販売に係る委託者における資産の譲渡をした日は、原
> 則として、受託者が譲渡した日となります。ただし、委託品に係る売上
> 計算書が売上げの都度作成されている場合は、事業者が継続して売上計
> 算書が到着した日を棚卸資産の譲渡をした日とすることも認められてい
> ます（基通9-1-3）。

2　輸入取引の納税義務の成立時期

　輸入取引の納税義務の成立の時期は、課税貨物を保税地域から引き取
る時となります（通則法15②七）。

3　資産の譲渡等の時期等の特例

　リース譲渡に係る資産の譲渡等、工事の請負に係る資産の譲渡等及び
小規模事業者に係る資産の譲渡等については、その取引の特殊性から資
産の譲渡等の時期等について特例の規定が設けられています（法16～
18、基通9-3-1、9-4-1、9-5-1）。

(1)　リース譲渡に係る資産の譲渡等の時期の特例

　事業者が所得税法第65条第1項又は法人税法第63条第1項に規定す
るリース譲渡に該当する資産の譲渡等を行った場合に、これらの規定の
適用を受けるためリース譲渡に係る対価の額につき延払基準の方法によ

り経理することとしているときは、そのリース譲渡に係る賦払金の額で
そのリース譲渡をした日の属する課税期間においてその支払の期日が到
来しないもの（その課税期間において支払を受けたものを除きます。）に係
る部分については、その課税期間において資産の譲渡等を行わなかった
ものとみなして、その部分に係る対価の額をその課税期間におけるリー
ス譲渡に係る対価の額から控除することができます（法16）。

　なお、これらの所得税法又は法人税法の規定の適用を受ける場合であ
っても、リース譲渡に係る資産の譲渡等の時期をその引渡し等のあった
日によることとすることは差し支えありません（基通9-3-1）。

(2)　工事の請負に係る資産の譲渡等の時期の特例

　事業者が所得税法第66条第1項又は法人税法第64条第1項に規定す
る長期大規模工事の請負に係る契約に基づき資産の譲渡等を行う場合
に、長期大規模工事の目的物のうち工事進行基準の方法により計算した
収入金額又は収益の額に係る部分については、これらの規定によりその
収入金額が総収入金額に算入されたそれぞれの年の12月31日の属する
課税期間又はその収益の額が益金の額に算入されたそれぞれの事業年度
の末日の属する課税期間において、資産の譲渡等を行ったものとするこ
とができます（法17）。

　なお、これらの所得税法又は法人税法の規定の適用を受ける場合であ
っても、工事の請負に係る資産の譲渡等の時期をその引渡しのあった日
によることとすることは差し支えありません（基通9-4-1）。

(3)　小規模事業者に係る資産の譲渡等の時期等の特例

　個人事業者で所得税法第67条《小規模事業者の収入及び費用の帰属
時期》の規定の適用を受ける者の資産の譲渡等及び課税仕入れを行った
時期は、その資産の譲渡等に係る対価の額を収入した日及びその課税仕
入れに係る費用の額を支出した日とすることができます（法18）。

　なお、同条の規定の適用を受ける場合であっても、すべての資産の譲渡等についてその譲渡等の時期をその実際の引渡しのあった日によることとすることは差し支えありません（基通9-5-1）。

Interval

消費税計算の思考過程
（納付すべき税額の算出に至る手順）

　消費税の納付税額は、実務においては、所得税や法人税の申告の基となる帳簿などから導かれて算出されることもあり、所得税や法人税の所得計算と消費税計算の考え方を同一視したり、近似のものとして捉えがちですが、このような認識が消費税計算の思考過程では障害となり得ます。

　消費税は「売上げに係る消費税額」から「仕入れに係る消費税額」を差し引いて納付すべき消費税額を計算するという、いたってシンプルな仕組みであり、計算技術的な部分では所得税や法人税と比較して極めて単純といえます。

　消費税では、

○　個々の取引が課税の対象となるのかならないのか（課税対象取引か不課税取引か）

○　課税対象取引である場合には、課税、非課税、免税のいずれの取引であるのか

を的確に判断できれば、おのずと正確な税額計算過程に移行できることになるのです。

　したがって、消費税の納付すべき税額の算出を最終目標とした場合、最初に行うべき作業は個々の取引が課税対象となるものかどうかの判断（課否判定）となります。

　そこで、まず、その取引が、

①　国内において行うものか

②　事業者が事業として行うものか

③　対価を得て行われるものか

④　資産の譲渡、資産の貸付け、役務の提供に該当するものか

の判断が必要となります。

　次に、この①から④すべての要件を満たして課税対象取引となったものについて、

⑤　非課税取引に該当するものか

⑥　輸出免税取引など免税取引に該当するものであるかどうか

　を判断していきます。

　これらの検討判断過程を経て、個々の取引の区分を行った後は、それぞれの取引を法に定める納付すべき消費税額の計算構造の中に当てはめていきます。

　消費税の納付税額計算過程の全体像を理解するに当たって留意すべき点は、次の３点に集約されますので、理解を深めるための参考としてください。

(1)　消費税の計算の基礎は個々の取引の積み重ねであるため、個々の取引に着目して課税取引か否か課否判断等の検討を行う。

(2)　その検討過程は、上記①から⑥の手順を踏んで検討する。

(3)　(1)、(2)の結果を算式に当てはめて、納付すべき税額を計算する。

（参考）納付税額の計算

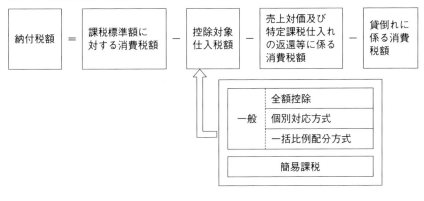

課税標準と税率

1 課税標準

　課税標準とは、税額計算の基礎となるもので、税額を算出する直接の対象となる金額をいいます。この課税標準に税率を乗じて課税されるべき税額が算定されることになります。

2 国内取引の課税標準

(1) 課税資産の譲渡等に係る課税標準

　国内取引に係る課税資産の譲渡等に係る消費税の課税標準は、課税資産の譲渡等の対価の額とされています（法28①）。

―Keyword ―

　<課税資産の譲渡等の対価の額> 課税資産の譲渡等の対価につき、対価として収受し、又は収受すべき一切の金銭又は金銭以外の物若しくは権利その他経済的な利益の額をいい、課税資産の譲渡等につき課されるべき消費税額及び地方消費税額に相当する額を含みません（法28①）。

$$課税標準 ＝ 実際の取引価額（税込み）\times \frac{100\%}{100\%+10\%（又は8\%）}$$

　<収受すべき> 別に定めるものを除き、その課税資産の譲渡等を行った場合の課税資産等の価額をいうのではなく、その譲渡等に係る当事者間で授受することとした対価の額をいいます（基通10-1-1）。

　<金銭以外の物若しくは権利その他経済的な利益> 例えば、課税資産の譲渡等の対価として金銭以外の物若しくは権利の給付を受け、又は金銭を無償若しくは通常の利率よりも低い利率で借受けをした場合のように、

実質的に資産の譲渡等の対価と同様の経済的効果をもたらすものをいいます（基通10-1-3）。

(2) 特定課税仕入れに係る課税標準

特定課税仕入れに係る課税標準は、特定課税仕入れに係る支払対価の額とされています（法28②）。

― Keyword ―

＜特定課税仕入れに係る支払対価の額＞特定課税仕入れに係る支払対価につき、対価として支払い、又は支払うべき一切の金銭又は金銭以外の物若しくは権利その他経済的な利益の額をいいます（法28②）。

＜支払うべき＞その特定課税仕入れを行った場合の特定課税仕入れの価額をいうのではなく、その特定課税仕入れに係る当事者間で授受することとした対価の額をいいます（基通10-2-1）。

＜金銭以外の物若しくは権利その他経済的な利益＞実質的に特定課税仕入れに係る支払対価と同様の経済的効果をもたらすものをいいます（基通10-2-1）。

※　特定課税仕入れに係る課税標準は、課税資産の譲渡等に係る課税標準と異なり、「課税資産の譲渡等につき課されるべき消費税及び地方消費税に相当する額を含まない」とする規定がないことから、税抜計算する必要はなく、支払った対価の額がそのまま課税標準となります。

(3) 特殊な取引の場合の課税標準

イ　法人の役員に対する低額譲渡

対価の額がその資産の時価に比して著しく低いとき（通常の販売価額のおおむね50％未満の金額）は、その時価に相当する金額を対価の額とみなすこととされています（法28①ただし書、基通10-1-2）。

　なお、棚卸資産を譲渡した場合は、①その棚卸資産の課税仕入れの金額以上の金額で、かつ、②その棚卸資産の通常他に販売する価格のおおむね50％に相当する金額以上での譲渡であるときは、「資産の時価に比して著しく低いとき」には該当しないものとして取り扱われます（基通10-1-2）。

　ただし、役員及び使用人の全部について、一律に合理的な基準で明示された値引率に従ってその譲渡が行われる場合には、低額譲渡には該当しません（基通10-1-2⑵ただし書）。

ロ　個人事業者の棚卸資産等の家事消費等

　家事消費等した資産の時価に相当する金額を対価の額とみなすこととされています（法28③一）。

ハ　法人の役員に対する贈与

　贈与した資産の時価に相当する金額を対価の額とみなすこととされています（法28③二）。

　なお、ロ及びハの場合において、その棚卸資産の課税仕入れの金額以上の金額で、かつ、その棚卸資産の通常他に販売する価格のおおむね50％に相当する金額以上で確定申告したときは、その処理が認められることとされています（基通10-1-18）。

⑷　その他課税標準の取扱い（対価の額の計算）

イ　課税資産と非課税資産を一括して譲渡した場合

　例えば、非課税資産である土地と課税資産である建物を一括して譲渡した場合は、それぞれの資産の対価の額について、合理的に区分しなければなりませんが、合理的に区分していない場合には、譲渡の時における価額（時価）の比により区分します（令45③、基通10-1-5）。

　※　令和元年10月1日から軽減対象課税資産、軽減対象以外の課税資産及び非課税資産の区分のうち、異なる2以上の区分の資産を一括し

て譲渡した場合

　これらの資産の譲渡の対価の額が資産ごとに合理的に区分されている場合は、その資産の区分ごとの課税資産の譲渡の対価の額によることとされています。

　合理的に区分されていない場合は、それぞれの譲渡に係る通常の取引価額を基礎として、それぞれの価額の比により区分することとされています（平成28改正令6①）。

ロ　外貨建取引に係る対価

　外貨建ての取引に係る資産の譲渡等の対価の額は、所得税又は法人税の課税所得金額の計算において外貨建ての取引に係る売上金額その他の収入金額につき円換算して計上すべきこととされている金額によるものとされています（基通10-1-7）。

ハ　資産の交換の取扱い

　資産の交換の場合は、交換により取得する資産の時価（交換により譲渡する資産の価額と交換により取得する資産の価額との差額を補うための金銭を取得する場合はその取得する金銭の額を加算した金額とし、差額を補うための金銭を支払う場合はその支払う金銭の額を控除した金額）に相当する金額を対価の額とすることとされています（令45②四）。

　なお、交換の当事者が交換に係る資産の価額を定め、相互に等価であるとして交換した場合に、その定めた価額が通常の取引価額と異なるときであっても、その交換をするに至った事情に照らして正常な取引条件に従って行われたものであると認められるときは、消費税法施行令第45条第2項第4号の規定の適用上、これらの資産の価額は当事者間において合意された金額によることとされています（基通10-1-8）。

　ニ　個別消費税の取扱い

　　課税資産の譲渡等の対価の額には、酒税、たばこ税、揮発油税、石油石炭税、石油ガス税等の個別消費税額が含まれます。

　　なお、利用者等が納税義務者となっている軽油引取税、ゴルフ場利用税等の税額は、原則として、課税資産の譲渡等の対価の額に含まれないこととなりますが、それらの税額が明確に区分されていない場合には、課税資産の譲渡等の対価の額に含まれます（基通10-1-11）。

　ホ　源泉所得税がある場合の取扱い

　　弁護士等の報酬・料金等のように所得税が源泉徴収される場合の課税資産の譲渡等の対価の額は、実際に受領した金額ではなく源泉徴収される前の金額となります（基通10-1-13）。

　ヘ　対価の額が未確定の場合

　　課税期間の末日までに対価の額が確定していないときは、同日の現況によりその金額を適正に見積もることとされています。

　　この場合において、その後確定した対価の額が見積額と異なるときは、その差額は、その確定した日の属する課税期間において調整します（基通10-1-20）。

3　輸入取引の課税標準

　保税地域から引き取られる課税貨物の課税標準は、関税課税価格（通常はCIF価格）に、関税及び個別消費税額を合計した金額となります（法28④）。

| 課税対象となる外国貨物の引取価格 | ＝ | CIF 価格　＋　個別消費税額　＋　関税額 |

─ **Keyword** ─

＜ CIF 価格＞輸入港到着価格で、商品価格に輸入港に到着するまでに要する通常の運賃、保険料が含まれます。

※　**個別消費税**には、その課税貨物の保税地域からの引取りに係る酒税、たばこ税、揮発油税、石油石炭税、石油ガス税等があります。

4　税率

　税率は、標準税率 7.8％及び飲食料品等の譲渡に係る軽減税率 6.24％の複数税率です（法 29、平成 28 改正法附則 34 ①）。

　このほかに地方消費税が消費税額を課税標準として 22/78（標準税率適用資産等で消費税率 2.2％相当、軽減税率対象資産で消費税率 1.76％相当）の税率で課され（地方税法 72 の 83）、消費税と地方消費税とを合わせた税率は標準税率 10％及び軽減税率 8％となります。

※　令和元年 9 月 30 日以前においては、消費税及び地方消費税の税率が 8％（8％のうち消費税の税率は 6.3％となり、地方消費税は消費税額を課税標準として 17/63（消費税率 1.7％相当））の単一税率となっていました。

5　軽減税率制度の概要

(1)　軽減税率制度の適用対象

　軽減税率制度の適用対象は、

　①　酒類、外食を除く飲食料品の譲渡

　②　週 2 回以上発行される新聞の譲渡（定期購読契約に基づくもの）

です（平成 28 改正法附則 34 ①）。

(2)　飲食料品の範囲等

　軽減税率の適用対象となる飲食料品とは、食品表示法に規定する食品（酒類を除きます。）をいい、一定の一体資産を含みます。

　食品表示法に規定する食品とは、人の飲用又は食用に供されるものをいい、医薬品、医薬部外品及び再生医療等製品が除かれ、食品衛生法に規定する添加物が含まれます。

　なお、外食やケータリング等は、軽減税率の対象に含まれません。

> ※　軽減税率が適用される取引か否かは、その取引の時点において、「食品」（人の飲用又は食用に供されるもの）として、取引されたか否かにより判定します。

(3)　一体資産の範囲等

　一体資産とは、おもちゃ付きのお菓子など、食品と食品以外の資産があらかじめ一体となっている資産で、その一体となっている資産に係る価格のみが提示されているものをいいます（平成28改正令附則2）。

　一体資産のうち、①税抜価額が 10,000 円以下であって、②食品の価額の占める割合が3分の2以上の場合は、その一体資産全体が軽減税率の適用対象となります。

(4)　外食の範囲等

　イ　外食

　　軽減税率の対象とならない「外食」とは、飲食店営業等を営む者が、飲食に用いられる設備（飲食設備）がある場所において、飲食料品を飲食させる役務の提供をいいます（平成28改正法附則34①一イ）。

　　したがって、飲食店営業等を営む者が行うものであっても、いわゆるテイクアウトは、単なる飲食料品の譲渡であり、軽減税率の適用対象となります。

ロ　ケータリング等

　ケータリング等も軽減税率の対象となりません。このケータリング等とは、相手方が指定した場所において行う加熱、調理又は給仕等の役務を伴う飲食料品の提供をいいます。

　なお、出前や宅配等の場合は、単に飲食料品を届けるだけのものですから、軽減税率の適用対象となります（平成28改正法附則34①一ロ、軽減通達12）。

《参考》軽減税率の対象となる飲食料品の範囲（イメージ）

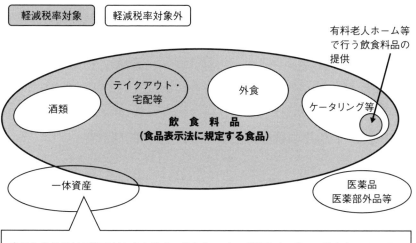

（出典：国税庁　消費税の軽減税率制度に関するＱ＆Ａ（制度概要編）問2を基に作成）

Interval

軽減税率対象品は税率据え置きか？

今回の税率引上げにおいても、軽減税率が適用される飲食料品の譲渡等は旧税率の8％と同じ8％の税率ですが、これは税率が据え置かれたのでしょうか？

地方消費税を合わせた消費者の負担額としては、変わりませんから据え置かれたといっても差し支えないと思いますが、厳密にいうと国の消費税率は、旧税率は6.3％であり、軽減税率は6.24％になりましたから、税率が引き下げられています。これは、今回の改正が「社会保障と税の一体改革」の一環として行われる税率の引上げに伴うものであり、地方の社会保障財源を確保する観点から地方消費税率が63分の17から78分の22となったため、国の消費税率も標準税率7.8％、軽減税率6.24％に調整されています。

6　課税標準額及び税額の計算方法（原則的な計算）

課税標準額及び課税標準額に対する消費税額の計算は、所得税及び法人税の課税所得の計算に当たり事業者が選択した会計処理の方式に応じ、次の算式により行うこととなります。

なお、算出された課税標準額に1,000円未満の端数があるときは、その1,000円未満の端数を切り捨てます（通則法118①）。

(1)　税込経理方式の場合

　　イ　課税標準額

$$課税標準額 = \begin{matrix} 課税資産の譲渡等の \\ 対価の額（税込価額） \\ の合計額 \end{matrix} \times \frac{100}{110}\left(又は\frac{100}{108}\right) + \begin{matrix} 特定課税仕入れに \\ 係る対価の額の \\ 合計額 \end{matrix}$$

（1,000円未満切り捨て）

ロ　消費税額

$$消費税額 = 課税標準額 \times \frac{7.8}{100} \left(又は \frac{6.24}{100} \right)$$

(2)　税抜経理方式の場合

イ　課税標準額

$$課税標準額 = \left(\begin{array}{l} 課税資産の譲渡等 \\ の対価の額（税抜 \\ 価額）の合計額 \end{array} + \begin{array}{l} 仮受消費税 \\ 等の額 \end{array} \right) \times \frac{100}{110} \left(又は \frac{100}{108} \right) + \begin{array}{l} 特定課税仕入れ \\ に係る対価の額 \\ の合計額 \end{array}$$

（1,000 円未満切り捨て）

ロ　消費税額

$$消費税額 = 課税標準額 \times \frac{7.8}{100} \left(又は \frac{6.24}{100} \right)$$

7　消費税額等相当額を区分領収している場合の課税標準額の計算の特例

　上記6の原則的な計算によるほか、価格表示における総額表示の義務化に伴い（法63）、次のような消費税額の計算の特例が認められています。

> 【参考通達】
> 　平成16年2月19日付「事業者が消費者に対して価格を表示する場合の取扱い及び課税標準額に対する消費税額の計算に関する経過措置の取扱いについて」

(1)　事業者間取引の場合

　総額表示義務の対象とならない事業者間取引等については、上記6の原則的な計算の方法によるほか、決済上受領すべき金額（税込対価の額）を課税資産の譲渡等の対価の額（本体価格：税抜き）とその課税資産の譲渡等につき課される消費税及び地方消費税額の合計額（以下「消費税額等」といいます。）に相当する金額を領収書又は請求書等にお

いて明示し、区分して領収している場合には、個々の取引ごとに区分して領収した消費税額等の 78/100 相当額を課税標準額に対する消費税額とすることが、当分の間、認められています（平成 15 改正規附則 2 ②）。

令和元年 10 月 1 日以後に行う飲食料品等の軽減対象資産の譲渡については 62.4/80 となります。

(2)　税込価格を基礎とした代金決済を行う取引の特例

　税込価格を基礎とした代金決済を行う際に発行される領収書等において、その領収金額に含まれる消費税相当額（領収金額に 10/110 を乗じて算出した金額）の 1 円未満の端数を処理した後の金額を明示している場合に限り、その明示された端数処理後の消費税相当額を基に消費税額の計算を行うことができます。

令和元年 10 月 1 日以後に行う飲食料品等の軽減対象資産の譲渡については 8/108 となります。

　この特例の対象となる取引は、総額表示義務の対象とならない事業者間取引等及び総額表示義務の対象となる取引で総額表示義務を履行している場合に適用があります（平成 15 改正規附則 2 ③）。

(3)　対消費者取引で総額表示は行っているもののやむを得ない事情がある場合

　平成 26 年 4 月 1 日以後に行う課税資産の譲渡等について、総額表示義務の対象となる取引（対消費者取引）で、総額表示を行っている場合（消費税の円滑かつ適正な転嫁の確保のための消費税の転嫁を阻害する行為の是正等に関する特別措置法第 10 条第 1 項《総額表示義務に関する消費税法の特例》の規定の適用を受ける場合を含みます。）において、決済上受領すべき金額をその資産又は役務の税込価格を基礎として計算することが

できなかったことについて、レジシステムの変更が間に合わない等のやむを得ない事情があるときは、当分の間、上記⑴の消費税額の計算の特例が認められています（平成15改正規附則2④⑤）。

8　売上げを税率の異なるごとに区分することが困難な事業者に対する売上税額の計算の特例

　令和元年10月1日から消費税率が引き上げられると同時に軽減税率制度が導入されました。これにより、令和元年10月1日以後に行う課税資産の譲渡等には、標準税率（地方消費税と合わせて10%）と軽減税率（地方消費税と合わせて8%）が適用されることとなり、事業者は、原則として、売上げを税率の異なるごとに区分し、税率ごとの売上総額を算出して売上税額を計算することが必要となります。

　そこで、課税売上げ（税込み）を税率ごとに区分して合計することが困難な中小事業者は、経過措置として、次に掲げる方法により売上税額を計算する特例が認められています（平成28改正法附則38①②④）。

　なお、この経過措置は、基準期間における課税売上高が5,000万円以下である事業者（軽減対象資産の譲渡等を行う事業者で、免税事業者を除きます。）で、売上げを税率の異なるごとに区分して合計することにつき困難な事情があるときについては、令和元年10月1日から令和5年9月30日までの期間（次の⑴の小売等軽減仕入割合の特例については、簡易課税制度の適用を受けない期間に限ります。）において行った課税資産の譲渡等について、適用することができることとされています。

⑴　小売等軽減仕入割合の特例

　課税仕入れ（税込み）を税率ごとに管理できる卸売業又は小売業を営む中小事業者は、その事業に係る課税売上げ（税込み）に、その事業に係る課税仕入れ（税込み）に占める軽減税率対象品目の売上げにのみ要

する課税仕入れ（税込み）の割合（小売等軽減仕入割合）を乗じて、軽減
対象資産に係る課税売上げ（税込み）を算出し、売上税額を計算するこ
とができます。

（小売等軽減仕入割合）

$$\begin{array}{c}\text{軽減対象資産}\\\text{に係る税込売上金額}\\\text{（卸売業及び小売業分）}\end{array} = \begin{array}{c}\text{課税資産の譲渡等の}\\\text{税込価額の合計額}\\\text{（卸売業及び小売業分）}\end{array} \times \dfrac{\text{分母の金額のうち、軽減対象資産の}}{\begin{array}{c}\text{譲渡等にのみ要するものの金額}\\\hline\text{卸売業及び小売業にのみ要する}\\\text{課税仕入れ等の金額（税込み）の合計額}\end{array}}$$

(2)　軽減売上割合の特例

　課税売上げ（税込み）に、通常の連続する 10 営業日の課税売上げ（税
込み）に占める同期間の軽減税率対象品目の課税売上げ（税込み）の割
合（軽減売上割合）を乗じて、軽減対象資産に係る課税売上げ（税込み）
を算出し、売上税額を計算することができます。

　ここでいう通常の連続する 10 営業日とは、特例の適用を受けようと
する期間内の通常の事業を行う連続する 10 営業日であれば、いつかは
問いません（軽減通達 22）。

（軽減売上割合）

$$\begin{array}{c}\text{軽減対象資産}\\\text{に係る税込売上金額}\end{array} = \begin{array}{c}\text{課税資産の譲渡等の}\\\text{税込価額の合計額}\end{array} \times \dfrac{\text{分母の金額のうち、軽減対象資産の}}{\begin{array}{c}\text{譲渡等にのみ要するものの金額}\\\hline\text{通常の事業を行う連続する10営業日（※）中に国内に}\\\text{おいて行った課税資産の譲渡等の税込価額の合計額}\end{array}}$$

※　適用対象期間に通常の事業を行う連続する10営業日がない場合には、その適用対象期間となります。

(3)　上記(1)、(2)の割合の計算が困難な場合

　上記(1)、(2)の割合の計算が困難な中小事業者で、主として軽減税率対
象品目の譲渡等を行う事業者は、(1)及び(2)の計算においてこれらの割合
を 50/100 として計算することができます。

　なお、「主として軽減税率対象品目の譲渡等を行う事業者」とは、課
税資産の譲渡等の対価のうちに軽減対象資産の譲渡等の対価の額の占め
る割合がおおむね 50％以上である事業者をいいます（軽減通達 23）。

Ⅷ　仕入税額控除（一般課税）

1　仕入税額控除

　消費税は生産、流通、販売といった取引の各段階で課税され、最終的に消費者が負担することを予定している税です。しかしながら、取引の都度その取引価額に対して消費税を課税すると税の累積が生じ、最終的には消費者がその累積した税を負担することとなります。

　そのため、消費税では税の累積を排除するため、前段階の税額を控除する「前段階税額控除方式」を採用しており、このことを仕入税額控除といい、これにより控除する消費税額を仕入控除税額といいます。

　また、中小事業者の納税事務負担に配慮して、仕入控除税額を課税標準額に対する消費税額のみから計算することができる簡易課税制度も設けられています。簡易課税制度については、p.98「Ⅸ簡易課税制度」を参照してください。

2　課税仕入れ等

　課税事業者は、国内において行った課税仕入れに係る消費税額、特定課税仕入れに係る消費税額及び保税地域から引き取る課税貨物につき課された又は課されるべき消費税額（以下「課税仕入れ等の税額」といいます。）を、課税仕入れ等の日の属する課税期間の課税標準額に対する消費税額から控除することとされています（法30①）。

─ *Keyword* ─

<課税仕入れ>事業者が、事業として他の者から資産を譲り受け、若しく
は借り受け、又は役務の提供を受けることをいいます（法2①十二、基
通11-1-1）。

課税仕入れは、「他の者」が事業として資産を譲り渡し、若しくは貸
し付け、又は役務の提供をしたと仮定（事業者が事業としてに該当）し
た場合に、課税資産の譲渡等に該当することとなるもので、消費税が免
除されるもの以外のものに限られます。

したがって、非課税取引となるもの、輸出免税等の免税取引となるも
の、課税対象外の取引（不課税取引となるもの）は、課税仕入れにはな
りません。

※　他の者には、課税事業者に限らず、免税事業者や消費者も含まれます
（基通11-1-3）。

※　役務の提供には、所得税法第28条第1項に規定する給与等を対価と
する役務の提供を含みません（法2①十二、基通11-1-2）。

3　国外事業者から受けた消費者向け電気通信利用役務の提供に係る仕入税額控除の制限等

(1)　消費者向け電気通信利用役務の提供に係る仕入税額控除の制限

「納税なき仕入税額控除」を防止する観点から、電気通信利用役務の
提供のうち、事業者向け電気通信利用役務の提供以外のもの（消費者向
け電気通信利用役務の提供）については、役務の提供を行った事業者が
申告・納税を行うこととなりますが、国内事業者が国外事業者から消費
者向け電気通信利用役務の提供を受けた場合は、当分の間、その役務の
提供に係る仕入税額控除が制限されます。

このため、課税仕入れのうち、国外事業者から受けた消費者向け電気
通信利用役務の提供については、当分の間、仕入税額控除の対象から除
かれることとされています（平成27改正法附則38①,基通11-1-3（注）2）。

(2)　登録国外事業者制度

　上記(1)のとおり、国外事業者から消費者向け電気通信利用役務の提供を受けた国内事業者は、その役務の提供に係る仕入税額控除が制限されることとなりますが、国税庁長官の登録を受けた登録国外事業者から受ける消費者向け電気通信利用役務の提供については、仕入税額控除を行うことができることとされています（平成27改正法附則38①、基通11-1-3（注）2）。

─ *Keyword* ─

　＜登録国外事業者＞消費者向け電気通信利用役務の提供を行う課税事業者である国外事業者で、国税庁長官の登録を受けた事業者をいいます。なお、登録国外事業者は免税事業者になることができません（平成27改正法附則39）。

4　課税仕入れ等の時期

　仕入税額控除は、国内において課税仕入れを行った日、特定課税仕入れを行った日及び保税地域から課税貨物を引き取った日の属する課税期間に行うこととされています（法30①）。

　この場合の「課税仕入れを行った日」及び「特定課税仕入れを行った日」とは、課税仕入れに該当することとされる資産の譲受け若しくは借受けをした日又は役務の提供を受けた日をいいますが、これらの日がいつであるかについては、別に定めるものを除き、原則として、所得税又は法人税における所得金額の計算上の資産の取得の時期、費用等の計上時期と同じになります（基通11-3-1）。

　また、「課税貨物を引き取った日」とは、関税法第67条《輸出又は輸入の許可》に規定する輸入の許可を受けた日をいいます（基通11-3-9）。なお、保税地域から引き取る課税貨物につき特例申告書を提出した場合には、その特例申告書を提出した日となります。

※　課税仕入れ等の時期の特例

① 割賦購入資産、リース資産等（基通11-3-2）

〔原則〕 その資産の引渡し等を受けた日

〔特例〕 所有権移転外ファイナンスリース取引について、事業者（賃借人）が賃貸処理している場合に限り、リース料を支払うべき日

② 未成工事支出金として経理した場合（基通11-3-5）

〔原則〕 課税仕入れ等を行った日（資産の引渡しを受けた時又は外注先若しくは下請先の役務の提供が完了した時）

〔特例〕 継続適用を条件として、目的物の引渡しをした日（未成工事支出金勘定から完成工事原価に振替処理を行う時）

③ 建設仮勘定として経理した場合（基通11-3-6）

〔原則〕 課税仕入れ等を行った日（設計料に係る役務の提供を受けた日、資材を譲り受けた時）

〔特例〕 目的物の完成した日（目的物の全部の引渡しを受けた日）

④ 郵便切手類、物品切手等（基通11-3-7）

〔原則〕 役務又は物品の引換給付を受けた時

〔特例〕 継続適用を条件として、自ら引換給付を受けるものについては、その郵便切手類又は物品切手等の対価を支払った日

⑤ 短期前払費用（基通11-3-8）

〔原則〕 課税仕入れ等を行った日

〔特例〕 所得税基本通達37-30の2又は法人税基本通達2-2-14《短期の前払費用》の適用を受けている場合には、その支出した日

⑥ 現金主義会計適用者（所法67、法18①）

〔原則〕 課税仕入れ等を行った日

〔特例〕 課税仕入れに係る費用の額を支出した日

5　課税仕入れ等に係る消費税額

⑴　課税仕入れに係る消費税額の計算

　課税仕入れに係る消費税額は、課税仕入れに係る支払対価の額に基づき次の算式により計算します（法30①）。

$$課税仕入れに係る消費税額 = 課税仕入れに係る支払対価の額 \times \frac{7.8}{110}$$

> 　令和元年9月30日以前に行った課税仕入れの場合には、108分の6.3、令和元年10月1日以後に行った軽減対象課税資産の課税仕入れの場合には、108分の6.24となります。

─ Keyword ─

> ＜課税仕入れに係る支払対価の額＞課税仕入れの対価の額（対価として支払い、又は支払うべき一切の金銭又は金銭以外の物若しくは権利その他経済的な利益の額をいいます。）をいい、消費税額及び地方消費税額（附帯税の額に相当する額を除きます。）に相当する額を含みます（法30⑥）。

⑵　課税仕入れに係る消費税額の計算の特例

　課税仕入れの都度、課税仕入れに係る支払対価の額について、税抜経理方式により経理処理を行う場合に、次の態様に応じ処理している場合には、そのイ～ハの処理方式が認められています（平16.2.19総通14）。

（注）ハの方式は、イ又はロの方式が適用できない場合について認められます。

　イ　課税仕入れの相手方が課税資産の譲渡等に係る決済上受領すべき金額を本体価額と1円未満の端数を処理した後の消費税額等とに区分して領収する場合に作成した領収書又は請求書等において別記されている当該消費税額等を仮払消費税等として経理し、その課税期間中における仮払消費税等の合計額の100分の78（軽減対象資産の

　　譲渡等に係るものである場合には、80分の62.4）に相当する金額を課
　　税仕入れに係る消費税額とすること。

ロ　課税仕入れの相手方から交付を受けた領収書又は請求書等に明示
　　された税込価格を基礎として計算した決済上受領すべき金額に含ま
　　れる消費税額等に相当する額（決済上受領すべき金額に110分の10
　　（軽減対象資産の譲渡等に係るものである場合には、108分の8）を乗じ
　　て算出した金額）の1円未満の端数を処理した後の金額を仮払消費
　　税等として経理し、その課税期間中における仮払消費税等の合計額
　　の100分の78（軽減対象資産の譲渡等に係るものである場合には、80
　　分の62.4）に相当する金額を課税仕入れに係る消費税額とすること。

ハ　課税仕入れの相手方から交付を受けた領収書又は請求書等では、
　　課税資産の譲渡等に係る決済上受領すべき金額を本体価額と1円未
　　満の端数を処理した後の消費税額等とに区分して記載されていない
　　場合、あるいは課税仕入れの相手方から交付を受けた領収書又は請
　　求書等では税込価格を基礎として計算した決済上受領すべき金額に
　　含まれる消費税額等に相当する額（決済上受領すべき金額に110分の
　　10（軽減対象資産の譲渡等に係るものである場合には、108分の8）を
　　乗じて算出した金額）の1円未満の端数を処理した後の金額が明示
　　されていない場合において、課税仕入れ等に係る帳簿等により課税
　　仕入れに係る支払対価の額に110分の10（軽減対象資産の譲渡等に
　　係るものである場合には、108分の8）を乗じた金額（1円未満の端数
　　を切捨て又は四捨五入の方法により処理する場合に限ります。）を仮払
　　消費税等として経理する方法を継続的に行っているときには、その
　　課税期間中における仮払消費税等の合計額の100分の78（軽減対象
　　資産の譲渡等に係るものである場合には、80分の62.4）に相当する金
　　額を課税仕入れに係る消費税額とすること。

⑶ **課税仕入れ等を税率の異なるごとに区分することが困難な事業者に対する仕入税額の計算の特例（経過措置）**

　軽減税率制度の下で求められる区分経理に事業者が円滑に対応できるよう、課税仕入れ（税込み）を税率ごとに区分して合計することが困難な中小事業者（基準期間における課税売上高が5,000万円以下の事業者をいいます。）には、経過措置として、次に掲げる方法により仕入税額を計算する特例が認められています（平成28改正法附則39①、40①）。

　イ　小売等軽減売上割合の特例

　　課税売上げ（税込み）を税率ごとに管理できる卸売業又は小売業を行う中小事業者は、その事業に係る課税仕入れ（税込み）に、その事業に係る課税売上げ（税込み）に占める軽減税率対象品目の課税売上げ（税込み）の割合（小売等軽減売上割合）を乗じて、軽減対象資産に係る課税仕入れ（税込み）を算出し、仕入税額を計算することができます。

　　この経過措置の適用期間は、令和元年10月1日から令和2年9月30日の属する課税期間の末日までの期間（簡易課税制度の適用を受けない期間に限られます。）とされています。

$$\substack{\text{軽減対象税込課税} \\ \text{仕入れ等の金額}} = \substack{\text{課税仕入れに係る支払対価} \\ \text{の額及び課税貨物に係る税} \\ \text{込引取価額の合計額}} \times \frac{\substack{\text{（小売等軽減売上割合）} \\ \text{卸売業及び小売業に係る軽減対象} \\ \text{資産の譲渡等の税込価額の合計額}}}{\substack{\text{卸売業及び小売業に係る課税資産} \\ \text{の譲渡等の税込価額の合計額}}}$$

　ロ　簡易課税制度の届出の特例

　　消費税簡易課税制度選択届出書を提出した課税期間から簡易課税制度を適用することができる特例が設けられています。

　　この経過措置の適用期間は、令和元年10月1日から令和2年9月30日までの日の属する課税期間とされています。

⑷　特定課税仕入れに係る消費税額の計算

$$特定課税仕入れに係る消費税額 = \frac{特定課税仕入れに係る}{支払対価の額} \times \frac{7.8}{100}$$

> ※　特定課税仕入れについては、特定課税仕入れを行った事業者に納税義
> 務が課されますので、事業者が支払った対価の額には消費税等に相当す
> る金額は含まれていないことになります（基通11-4-6）。

6　仕入控除税額の計算

　課税仕入れ等に係る消費税額から実際に控除できる税額（仕入控除税額）を計算する方法は、その課税期間中の課税売上高が5億円を超えるかどうか、又は5億円以下であっても課税売上割合が95％以上であるか、95％未満であるかによって異なります（法30②）。

　　イ　課税売上高が5億円以下、かつ、課税売上割合が95％以上である場合

　　　⇒　全額控除（法30①）

　　ロ　課税売上高が5億円超又は課税売上割合が95％未満である場合

　　　⇒　①個別対応方式（法30②一）、②一括比例配分方式（法30②二）のいずれかの方式を選択して計算

【仕入控除税額の計算方法の区分】

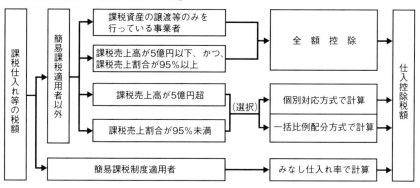

(1)　課税売上割合

イ　課税売上割合の計算

　　課税売上割合とは、その課税期間中の総売上高（国内における資産の譲渡等（特定資産の譲渡等に該当するものを除きます。）の対価の額の合計額）に占める課税売上高（国内における課税資産の譲渡等の対価の額の合計額）の割合をいいます（法30⑥）。

　　課税売上割合の計算は、次の算式により計算します。

$$課税売上割合＝\frac{その課税期間中の国内における課税資産の譲渡等の対価の額の合計額}{その課税期間中の国内における資産の譲渡等の対価の額の合計額}$$

　　また、課税、非課税等の区分によると次の計算式になります。

$$課税売上割合＝\frac{課税売上げ（税抜き）＋免税売上げ}{課税売上げ（税抜き）＋非課税売上げ＋免税売上げ}$$

（注）その課税期間中の国内における、課税資産の譲渡等の対価の額の合計額及び資産の譲渡等の対価の額の合計額を計算するに当たって、売上げに係る対価の返還等（売上返品など）がある場合には、それぞれの売上高（税抜き）からその売上返品等の金額（税抜き）を控除した残額によることとされてい

ます（令48①）。

　　なお、課税売上割合の計算は、事業者の事業全体の資産の譲渡等
の対価の額に基づき行うものですから、事業者の事業所単位又は事
業部単位などでそれぞれ別々に計算することはできません（基通
11-5-1）。

ロ　課税売上割合を計算する場合に注意する事項

　　課税売上割合を計算する場合には、次のような点について注意す
る必要があります。

㈠　分母・分子に含めるもの

　　課税売上割合を計算する場合には、分母の金額及び分子の金額に
次の非課税資産の輸出等とみなされる取引を含めることとされてい
ます。なお、有価証券、支払手段及び金銭債権の輸出は除かれます
（法31、令51）。

・非課税資産の輸出を行った場合における非課税資産の譲渡の対価
　の額

・国外における資産の譲渡等又は自己の使用のために輸出した資産
　の価額（FOB価額）

　　（注）この規定は、課税売上割合の計算についての規定ですから、基
　　　　準期間の課税売上高や課税標準額の計算には影響しません。

㈡　分母・分子に含めないもの

　　次の資産の譲渡等の対価の額は、課税売上割合の計算において
は、資産の譲渡等に含まれないこととされています。

・通貨、小切手等の支払手段の譲渡

・仮想通貨の譲渡

・特別引出権の譲渡

・資産の譲渡等の対価として取得した金銭債権の譲渡

・売現先に係る国債等又は海外CD、CP等の譲渡

(ハ)　分母に調整を行って含めるもの

　次の資産の譲渡等については、それぞれの場合に応じて、それぞれに係る金額を資産の譲渡等に係る対価の額とすることとされています。

・買現先に係る国債等又は海外 CD、CP 等の益部分の額

・貸付金、預金（居住者発行の CD）、売掛金その他の金銭債権（資産の譲渡等の対価として取得したものを除きます。）の譲渡の対価の額の 5％相当額

・有価証券（金融商品取引法第 2 条第 1 項に規定する有価証券で、ゴルフ場利用株式等を除き、先物取引のうち現物（株式）の受渡しが行われた場合を含みます。）の譲渡の対価の額の 5％相当額

・金融商品取引法第 2 条第 1 項第 1 号から第 15 号までに掲げる有価証券及び同項第 17 号に掲げる有価証券（同項第 16 号に掲げる有価証券の性質を有するものを除きます。）に表示されるべき権利（有価証券が発行されていないものに限ります。）の譲渡の対価の額の 5％相当額

・株主又は投資主となる権利、優先出資者となる権利、特定社員又は優先出資社員となる権利その他法人の出資者となる権利の譲渡の対価の額の 5％相当額

・海外 CD、CP の譲渡（現先取引を除きます。）の対価の額の額の 5％相当額

(ニ)　分母から控除するもの

　次の資産の譲渡等については、それぞれの金額を資産の譲渡等に係る対価の額から控除することとされています。

・買現先に係る国債等又は海外 CD、CP 等の損部分の額

・国債等の償還差損の額

(2)　課税仕入れ等の税額の全額を控除できる場合

　課税期間の課税売上高が5億円以下で、課税売上割合が95％以上の事業者については、課税仕入れに係る消費税額、特定課税仕入れに係る消費税額及び保税地域から引き取った課税貨物につき課された又は課されるべき消費税額（以下「課税仕入れ等の税額」といいます。）の全額が仕入税額控除の対象となります（法30①）。

　なお、課税売上割合が95％以上である場合には、当分の間、その課税期間中に国内において行った特定課税仕入れはなかったものとされます（平成27改正法附則42）から、この場合はリバースチャージ課税の対象にもならないことになります。

(3)　個別対応方式、一括比例配分方式による場合

　課税期間の課税売上高が5億円を超える事業者又は課税売上割合が95％未満の事業者については、課税資産の譲渡等に対応する課税仕入れ等の税額についてのみ控除の対象となります（法30②）。この場合の計算方法には、個別対応方式と一括比例配分方式の二つの方法があります。

　　イ　個別対応方式

　　　　個別対応方式とは、その課税期間中において行った課税仕入れ等の税額を、次の3つの用途にその区分を明らかにしている場合に、次の計算式により計算した金額を仕入控除税額とするものです（法30②一）。

　　　(イ)　課税資産の譲渡等にのみ要するもの

　　　(ロ)　その他の資産（非課税資産）の譲渡等にのみ要するもの

　　　(ハ)　課税資産の譲渡等とその他の資産の譲渡等に共通して要するもの

（計算式）

仕入控除税額			
＝	(イ)課税資産の譲渡等にのみ要する課税仕入れ等の税額	＋　(ハ)課税資産の譲渡等とその他の資産の譲渡等に共通して要する課税仕入れ等の税額	×　課税売上割合

　所轄税務署長の承認を受けた場合には、この計算式の課税売上割合に代えて、**課税売上割合に準ずる割合**によることができます（法30③、基通 11-5-8）。

　なお、上記(2)で述べた課税仕入れ等の税額の全額を控除できるかどうかの判定、すなわち、課税売上割合が 95％以上であるかどうかの判定に当たっては、課税売上割合に準ずる割合につき所轄税務署長の承認を受けている場合であっても、本来の課税売上割合によります（基通 11-5-9）。

Keyword

＜**その他の資産の譲渡等にのみ要するもの**＞消費税法第 6 条第 1 項《非課税》の規定により国内において非課税となる資産の譲渡等（非課税資産の譲渡等）を行うためにのみ必要な課税仕入れ等をいいます（基通 11-2-15）。

※　課税仕入れ等を行った日において、課税資産の譲渡等にのみ要するもの等の区分が明らかにされていないときは、その課税期間の末日までに明らかにされた区分によって個別対応方式を適用して差し支えないこととされています（基通 11-2-20）。

＜**課税売上割合に準ずる割合**＞使用人の数又は従事日数の割合、消費又は使用する資産の価額、使用数量、使用面積の割合その他課税資産の譲渡等とその他の資産の譲渡等に共通して要するものの性質に応ずる合理的な基準により算出した割合をいいます（基通 11-5-7）。

ロ　一括比例配分方式

　　一括比例配分方式とは、課税仕入れ等の税額を、個別対応方式を適用する前提となる用途区分が明らかにされていない場合や用途区分が明らかにされていても納税者が選択した場合の仕入控除税額の計算方式であり、仕入控除税額は次の算式により算出されます（法30②二）。

> 仕入控除税額＝その課税期間中の課税仕入れ等の税額×課税売上割合

> ※　一括比例配分方式を選択した事業者は、2年間は継続して適用した後でなければ、個別対応方式に変更することはできません（法30⑤、基通11-2-21）。

7　仕入税額控除の要件

(1)　仕入税額控除の要件（帳簿及び請求書等保存方式（令和元年9月30日まで））

　課税事業者は、課税仕入れ等に係る消費税額を控除するためには、原則として、課税仕入れ等の事実を記載した帳簿及び請求書等（特定課税仕入れに係るものである場合は帳簿）の書類を7年間保存することが必要とされており、保存されていない課税仕入れ等に係る消費税額は控除の対象となりません（法30⑦、令50①）。

　イ　帳簿の記載事項（法30⑧、平成27改正法附則38②）

区　分	記　載　事　項
(イ)課税仕入れ	①　課税仕入れの相手方の氏名又は名称 　（再生資源卸売業者等、不特定多数の者から課税仕入れを行う事業に係る課税仕入れについては記載を省略できます。） ②　課税仕入れを行った年月日 ③　課税仕入れの内容 ④　課税仕入れの対価の額

(ロ)特定課税仕入れ	上記「(イ)課税仕入れ」の記載事項①〜④に加え、 ⑤　「特定課税仕入れに係るものである旨」
(ハ)消費者向け電気通信利用役務の提供	上記「(イ)課税仕入れ」の記載事項①〜④に加え、 ⑤　登録国外事業者の「登録番号」
(ニ)課税貨物 　（輸入の場合）	①　引取年月日 ②　課税貨物の内容 ③　課税貨物の引取りに係る消費税額及び地方消費税額又はその合計額

ロ　請求書等の記載事項（法30⑨、平成27改正法附則38②）

区　分	記　載　事　項
(イ)課税仕入れ	請求書・納品書等 （課税入れについて相手方が発行した請求書、納品書等） 　　①　書類作成者の氏名又は名称 　　②　課税資産の譲渡等を行った年月日 　　③　課税資産の譲渡等の内容 　　④　課税資産の譲渡等の対価の額 　　⑤　書類の交付を受ける事業者の氏名又は名称 　　（小売業、飲食店業等不特定多数の者に対し資産の譲渡等を行う事業者から交付を受ける書類で、これらの事業に係るものについては⑤の記載が省略されていても差し支えないこととされています。） 仕入明細書・仕入計算書等 （課税仕入れを行った事業者が作成した仕入明細書、仕入計算書等で、記載事項について相手方の確認を受けたもの） 　　①　書類作成者の氏名又は名称 　　②　課税仕入れの相手方の氏名又は名称 　　③　課税仕入れを行った年月日 　　④　課税仕入れの内容 　　⑤　課税仕入れの対価の額
(ロ)消費者向け電気通信利用役務の提供	上記「(イ)課税仕入れ」の記載事項①〜⑤に加え、 ⑥　登録国外事業者の「登録番号」 ⑦　「課税資産の譲渡等を行った者が消費税を納める義務がある旨」

(ハ)課税貨物 （輸入の場合）	（税関長から交付を受けた輸入許可書等） ① 保税地域の所轄税関長 ② 引取り可能になった年月日 ③ 課税貨物の内容 ④ 課税貨物の価額並びに消費税額及び地方消費税額 ⑤ 書類の交付を受ける事業者の氏名又は名称

ハ　保存期間・保存場所

　　帳簿及び請求書等は、次の期間について納税地等に保存する必要があります（令50）。

　①　帳簿………閉鎖の日の属する課税期間の末日の翌日から2か月を経過した日から7年間

　②　請求書等…受領した日の属する課税期間の末日の翌日から2か月を経過した日から7年間

※　密輸に対応するための仕入税額控除制度の見直し

1　平成31年（2019年）4月1日以後に国内において事業者が密輸品（金又は白金の地金に限らず、密輸されたすべての資産が対象となります。）と知りながら行った課税仕入れについては、仕入税額控除制度の適用を受けることができないこととされました。

2　令和元年（2019年）10月1日以後に国内において事業者が行う金又は白金の地金の課税仕入れについては、その相手方の本人確認書類を保存しない場合、仕入税額控除制度の適用を受けることができないこととされました。

○　主な本人確認書類

・　個人（国内に住所を有する個人）

　　　①運転免許証の写し、②住民票の写し、③マイナンバーカードの写し、④旅券（パスポート）の写し、⑤在留カードの写し、⑥各種保険証の写し

・　上記以外の個人

　　　　　上記②及び③以外のいずれかの書類
　　・　　内国法人・外国法人
　　　　　①登記事項証明書又は印鑑証明書の写し、
　　　　　②官公署から発行された書類の写し

⑵　区分記載請求書等保存方式（令和元年 10 月 1 日から令和 5 年 9 月 30 日まで）

　軽減税率制度の実施に伴い、令和元年 10 月から令和 5 年 9 月までの間は、これまでの記載事項に税率ごとの区分など次の事項を追加した帳簿や請求書等（区分記載請求書等）の保存が要件となる区分記載請求書等保存方式となります。

　①　帳簿………　課税仕入れが他の者から受けた軽減税率の対象となる資産の譲渡等に係るものである場合は、その旨
　②　請求書等…・　課税資産の譲渡等が軽減税率の対象となる資産の譲渡等である場合は、その旨
　　　　　　　　・　税率ごとに合計した課税資産の譲渡等の対価の額

《記載例》
① 区分記載請求書等発行者の氏名又は名称
② 課税資産の譲渡等を行った年月日
③ 課税資産の譲渡等に係る資産又は役務の内容
　（<u>軽減対象資産の譲渡等である旨</u>）
④ <u>税率ごとに区分して合計した</u>課税資産の譲渡等の対
　価の額（税込み）
⑤ 書類の交付を受ける事業者の氏名又は名称

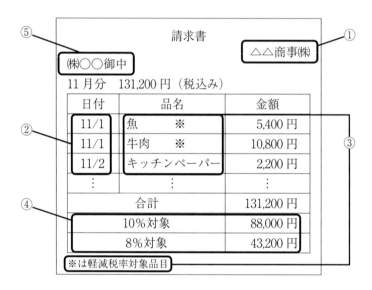

(3) 適格請求書等保存方式（令和5年10月1日以降）

　軽減税率制度実施後の仕入税額控除の方式は、令和5年10月から帳
簿及び適格請求書等の保存が要件となる適格請求書等保存方式（いわゆ
るインボイス制度）となります。

　イ　適格請求書等保存方式の概要

　　　適格請求書等保存方式の下では、税務署長に申請書を提出（※）
　　して登録を受けた課税事業者である「適格請求書発行事業者」が交
　　付する「適格請求書」等の保存が仕入税額控除の要件となります。

　　※　申請書は令和3年10月1日から提出することが可能ですが、

　　課税事業者でなければ、適格請求書発行事業者の登録を受けることはできません。

―Keyword

　＜適格請求書＞売手が買手に対して正確な適用税率や消費税額等を伝えるための手段であり、一定の事項が記載された請求書や納品書その他これらに類する書類をいいます。

ロ　適格請求書の記載事項

　　適格請求書の記載事項には、区分記載請求書等の記載事項に次の事項が追加されます。

　①　適格請求書発行事業者の登録番号

　②　税率ごとに合計した税抜価額又は税込価額の合計額及び適用税率

　③　消費税額等

―Keyword

　＜登録番号＞適格請求書発行事業者の登録後、税務署から通知される番号で、登録番号の構成は、次のとおりとされています。

　・　法人番号を有する課税事業者　　Ｔ＋法人番号

　・　上記以外の課税事業者（個人事業者、人格のない社団等）　　Ｔ＋13桁の番号

《記載例》
① 適格請求書発行事業者の氏名又は名称及び登録番号
② 取引年月日
③ 取引内容（軽減税率の対象品目である旨）
④ 税率ごとに区分して合計した対価の額（税抜き又は
　税込み）及び適用税率
⑤ 税率ごとに区分した消費税額等（端数処理は一請求
　書当たり、税率ごとに1回ずつ）
⑥ 書類の交付を受ける事業者の氏名又は名称

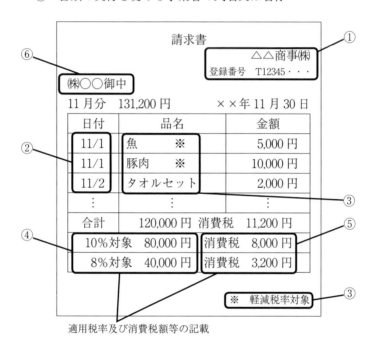

適用税率及び消費税額等の記載

Ⅸ　仕入控除税額の調整

1　仕入れに係る対価の返還等を受けた場合の調整

　事業者が、国内において行った課税仕入れ又は特定課税仕入れについて返品し、又は値引き等があったことにより、課税仕入れ又は特定課税仕入れに係る対価の返還等を受けた場合は、その返還を受けた課税期間中の課税仕入れ等の税額の合計額からその対価の返還等に係る消費税額を控除します（法32①）。

　この対価の返還等に係る消費税額は、仕入控除税額の計算に採用している方法と同一の計算方法で計算し、控除しきれない場合には、その控除しきれない金額を課税資産の譲渡等に係る消費税額とみなして、その課税期間の課税標準額に対する消費税額に加算します（法32②）。

　また、保税地域からの引取りに係る課税貨物に係る消費税額の還付を受けた場合には、同様に還付を受けた消費税額の合計額を控除し、控除しきれない場合には、その控除しきれない金額を課税資産の譲渡等に係る消費税額とみなして、その課税期間の課税標準額に対する消費税額に加算します（法32④⑤）。

2　調整対象固定資産に係る仕入控除税額の調整

　課税仕入れ等の税額は、棚卸資産、固定資産を問わず、課税仕入れ等の日の属する課税期間の課税標準額に対する消費税額から控除することになっています。

　しかしながら、固定資産のように長期間にわたって使用されるものについて、その課税仕入れ等を行ったときの状況のみで仕入税額控除を完

結させることは、課税売上割合が大きく変動した場合やその用途を変更した場合には、必ずしも適切な方法とはいえません。

　そのため、課税売上割合が著しく変動したときなど特定の事情が生じた場合には、固定資産等のうち、調整対象固定資産に該当するものについて、3年間に限り、仕入控除税額を調整することとされています（法33～35）。

(1)　調整対象固定資産の範囲

　調整対象固定資産とは、建物、構築物、機械及び装置、船舶、航空機、車両及び運搬具、工具、器具及び備品、鉱業権その他の資産で、一取引につき100万円（税抜き）以上のものをいいます（法2①十六、令5）。

(2)　課税売上割合が著しく変動した場合の調整

　課税事業者が調整対象固定資産の課税仕入れ等に係る消費税額について、比例配分法により仕入れに係る消費税額を計算した場合（全額が控除された場合を含みます。）において、その計算に用いた課税売上割合と、その後3年間の通算課税売上割合と比較して著しく増加又は減少した場合で、第3年度の課税期間の末日にその調整対象固定資産を保有している場合は、第3年度の課税期間において仕入控除税額を増額又は減額して調整することとされています（法33①）。

━ Keyword ━

　＜比例配分法＞仕入控除税額の計算に当たって、個別対応方式による課税売上割合を乗じて計算する方法又は一括比例配分方式により計算する方法をいいます。

　＜第3年度の課税期間＞仕入れ等の課税期間の開始の日から3年を経過する日の属する課税期間をいいます。

　＜通算課税売上割合＞仕入れ等の課税期間から第3年度の課税期間までの

各課税期間において適用されるべき課税売上割合を通算した課税売上割合で、次の算式により計算した割合をいいます。

$$通算課税売上割合 = \frac{仕入年度から3年間の課税資産の譲渡等の対価の合計額（税抜き）}{3年間の資産の譲渡等の対価の合計額（税抜き）}$$

イ　課税売上割合が著しく増加した場合

　　次の①及び②のいずれにも該当する場合には、次の加算金額を第3年度の課税期間における仕入控除税額に加算します（令53①）。

①　$\dfrac{通算課税売上割合 \ - \ 仕入年度の課税売上割合}{仕入年度の課税売上割合} \ \geqq \ 50 \ / \ 100$

②　通算課税売上割合 － 仕入年度の課税売上割合　$\geqq$　5／100

加算金額　＝（調整対象基準税額×通算課税売上割合）

　　　　　－（調整対象基準税額×その仕入年度の課税売上割合）

―Keyword―

＜調整対象基準税額＞第3年度の課税期間の末日に保有する調整対象固定資産の課税仕入れ等に係る消費税額をいいます。

ロ　課税売上割合が著しく減少した場合

　　次の①及び②のいずれにも該当する場合には、次の減算金額を第3年度の課税期間における仕入控除税額から減算します（令53②）。

①　$\dfrac{仕入年度の課税売上割合 \ - \ 通算課税売上割合}{仕入年度の課税売上割合} \ \geqq \ 50 \ / \ 100$

②　仕入年度の課税売上割合 － 通算課税売上割合　$\geqq$　5／100

減算金額　＝（調整対象基準税額×その仕入年度の課税売上割合）

　　　　　－（調整対象基準税額×通算課税売上割合）

⑶　課税業務用から非課税業務用に転用した場合等の調整

　課税事業者が、個別対応方式により仕入控除税額を計算した場合で、調整対象固定資産を課税業務用のみに使用するものとして全額控除した場合において、これを3年以内に非課税業務用にのみ使用するものとして用途を変更したとき、又は非課税業務用のみに使用するものとしていた場合において、これを3年以内に課税業務用にのみ使用するものとして用途を変更したときは、その変更した課税期間に応じ、その調整対象固定資産の課税仕入れ等に係る消費税額のうち次の税額をその用途を変更した課税期間の仕入控除税額から控除又は加算します（法34①、35）。

　なお、この調整計算は、課税業務用又は非課税業務用に転用した場合の調整ですから、課税・非課税業務共通用に転用した場合には適用されません（基通12-4-1、基通12-5-1）。

　　イ　課税業務用から非課税業務用に転用した場合
　　①　課税仕入れ等の日から1年以内に転用
　　　⇨　課税仕入れ等に係る消費税額の全額を控除
　　②　課税仕入れ等の日から1年超、2年以内に転用
　　　⇨　課税仕入れ等に係る消費税額の2／3を控除
　　③　課税仕入れ等の日から2年超、3年以内に転用
　　　⇨　課税仕入れ等に係る消費税額の1／3を控除
　　ロ　非課税業務用から課税業務用に転用した場合
　　①　課税仕入れ等の日から1年以内に転用
　　　⇨　課税仕入れ等に係る消費税額の全額を加算
　　②　課税仕入れ等の日から1年超、2年以内に転用
　　　⇨　課税仕入れ等に係る消費税額の2／3を加算
　　③　課税仕入れ等の日から2年超、3年以内に転用
　　　⇨　課税仕入れ等に係る消費税額の1／3を加算

3　免税事業者が課税事業者となる場合等の棚卸資産に係る仕入控除税額の調整等

(1)　免税事業者が課税事業者となった場合の調整

　免税事業者が新たに課税事業者となる場合に、課税事業者となる日の前日において所有する棚卸資産のうちに、納税義務が免除されていた期間において仕入れた棚卸資産がある場合は、その棚卸資産に係る消費税額を課税事業者になった課税期間の仕入れに係る消費税額の計算の基礎となる課税仕入れ等の税額とみなして、仕入税額控除の対象とします（法36①）。

> ※　この対象となる**棚卸資産**は、商品、製品、半製品、仕掛品、原材料、貯蔵中の消耗品等で、現に所有しているものをいいます（(2)において同じです）。
>
> ※　仕入税額控除の対象とすることができる棚卸資産の消費税額の計算は、その棚卸資産の取得費用の額に110分の7.8を乗じた金額となります。この場合の棚卸資産の取得費用の額には、その棚卸資産の購入金額のほかに、引取運賃や荷造費用、そのほかこれを購入するために要した費用の額などが含まれます。
>
> （注）令和元年9月30日以前に取得した棚卸資産の場合には、108分の6.3、令和元年10月1日以後に取得した軽減対象課税資産の譲渡等に係るものである場合には108分の6.24となります。

(2)　課税事業者が免税事業者となる場合の調整

　課税事業者が免税事業者となる課税期間の直前の課税期間に仕入れた課税仕入れ等に係る棚卸資産を、その直前の課税期間の末日において所有している場合には、その棚卸資産に係る課税仕入れ等の税額は、その直前の課税期間における仕入控除税額の計算の対象にすることはできません（法36⑤）。

簡易課税制度

1　簡易課税制度

　簡易課税制度は、中小事業者の事務負担に配慮して設けられたもので、原則として、基準期間における課税売上高が 5,000 万円以下の事業者が、選択によって課税標準額に対する消費税額を基に仕入控除税額を計算することができる制度です（法 37 ①）。

2　簡易課税制度の適用要件

(1)　簡易課税制度の選択届出

　簡易課税制度の適用を受けるためには、次の二つの要件を満たす必要があります（法 37 ①）。

　　イ　課税事業者の基準期間における課税売上高が 5,000 万円以下であること

　　ロ　「消費税簡易課税制度選択届出書」を、原則として、適用しようとする課税期間の開始の日の前日までに所轄税務署長に提出していること

> ※　消費税簡易課税制度選択届出書は、不適用の届出書を提出しない限り、その効力は失われず継続するため、適用の途中で基準期間における課税売上高が 5,000 万円を超えたり、免税事業者になっても、その後の課税期間の基準期間における課税売上高が 1,000 万円を超え 5,000 万円以下となった時は、その課税期間において簡易課税制度の適用を受けることになりますので注意を要します（基通 13-1-3）。

※　令和元年 10 月 1 日から令和 2 年 9 月 30 日までの日の属する課税期間において、課税仕入れ等（税込み）を税率ごとに区分して合計することにつき困難な事情がある中小事業者は、経過措置として、簡易課税制度の適用を受けようとする課税期間の末日までに上記届出書を提出したときは、届出書を提出した課税期間から簡易課税制度の適用を受けることができます（平成 28 改正法附則 40 ①）。

(2)　簡易課税制度の選択をやめようとするとき

　簡易課税制度を選択した事業者がこの選択をやめようとするときは、「消費税簡易課税制度選択不適用届出書」の提出が必要です（法 37 ⑤）。

　ただし、この消費税簡易課税制度選択不適用届出書は、事業を廃止した場合を除き、簡易課税制度の適用を受けようとする課税期間の初日から 2 年を経過する日の属する課税期間の初日以後でなければ提出することができません（法 37 ⑥）。

(3)　調整対象固定資産の仕入れ等を行った場合の簡易課税制度選択届出書の提出制限

　課税事業者選択届出書を提出して課税事業者となった事業者又は新設法人に該当する事業者が調整対象固定資産の課税仕入れ等を行った場合には、その調整対象固定資産の課税仕入れの日の属する課税期間の初日から原則として 3 年間は、簡易課税制度を適用することはできません（法 37 ③一、二）。

（注）調整対象固定資産については p.94 参照のこと。

(4)　高額特定資産の仕入れ等を行った場合の簡易課税選択届出書の提出制限

　事業者が事業者免税点制度（法 9 ①）及び簡易課税制度の適用を受けない課税期間中に高額特定資産の仕入れ等を行った場合には、その高額

特定資産の仕入れ等の日の属する課税期間の初日から原則として 3 年間は、簡易課税制度を適用することはできません（法 37 ③三）。

　また、自己建設高額特定資産については、その建設に要した仕入れ等の支払対価の額の税抜きの累計額が 1,000 万円以上となった日から、その自己建設高額特定資産の建設等が完了した日の属する課税期間の初日から原則として 3 年間は、簡易課税制度を適用することはできません（法 37 ③三）。

（注）高額特定資産については p.45 参照のこと。

3　簡易課税制度による仕入控除税額の計算

　簡易課税制度の適用を受けた場合は、次の算式により計算した金額を仕入控除税額とみなして、その課税期間の課税標準額に対する消費税額から控除することができるというものであり、一般課税による課税仕入れ等の税額を基礎として仕入控除税額の計算を行う必要がありません（法 37 ①）。

$$\text{仕入控除税額} = \boxed{\begin{array}{c}\text{課税標準額に対する}\\\text{消費税額}\end{array}} \times \boxed{\text{みなし仕入率}}$$

　※　課税標準額に対する消費税額は、課税標準たる金額の合計額について 1,000 円未満の端数を切り捨てて、その切り捨てた後の金額に税率を乗じて計算した金額です。

　　なお、売上げに係る対価の返還等をした若しくは特定課税仕入れに係る対価の返還を受けた場合には、それぞれの課税標準額に対する消費税額から、それぞれ売上対価の返還等若しくは特定課税仕入対価の返還等に係る消費税額の合計を控除します。

　　また、貸倒回収額がある場合には、課税標準額に対する消費税額に貸倒回収額に係る消費税額を加算します。

4 みなし仕入率

みなし仕入率は、事業区分により次のとおり定められています（法37①、令57①⑤⑥）。

みなし仕入率の適用については、事業者の営む事業を第1種事業から第6種事業に区分し、それぞれの事業ごとの課税売上高に係る消費税額にみなし仕入率を適用します。

事業区分	みなし仕入率	該当する事業
第1種事業（卸売業）	90%	卸売業（他の者から購入した商品をその性質及び形状を変更しないで、他の事業者に販売する事業）
第2種事業（小売業）	80%	小売業（他の者から購入した商品をその性質及び形状を変更しないで販売する事業で、第1種事業以外のもの（消費者に販売する事業））
第3種事業（製造業等）	70%	農業、林業、漁業、鉱業、建設業、製造業（製造小売を含む。）、電気業、ガス業、熱供給業及び水道業（第1種事業又は第2種事業に該当するもの及び加工賃その他これに類する料金を対価とする役務提供を行う事業を除く。）
第4種事業（飲食店等）	60%	第1種事業、第2種事業、第3種事業、第5種事業及び第6種事業以外の事業。例えば、飲食店業等が該当し、事業者が自己で使用していた固定資産を譲渡する場合も該当する。
第5種事業（サービス業等）	50%	第1種事業から3種事業までの事業以外の事業のうち、運輸通信業、金融業・保険業、サービス業（飲食店に該当する事業を除く。）が該当する。
第6種事業（不動産業）	40%	第1種事業、第2種事業、第3種事業及び第五種事業以外の事業のうち、不動産業が該当する。

> ※　事業区分の判定については、消費税法基本通達 13-2-1 〜 13-2-10 を参照。
>
> ※　令和元年 10 月 1 日より、軽減税率の対象となる飲食料品を生産する農林水産業については、その飲食料品の譲渡に係る部分は第 2 種事業とされ、そのみなし仕入率は 80％とされています（平成 28 改正令附則 11 の 2）。

5　2以上の事業を行っている場合のみなし仕入率

(1)　原則計算

それぞれの事業区分ごとの課税売上高に係る消費税額に、それぞれの事業区分ごとのみなし仕入率を乗じたものの加重平均値となります（令 57 ②）。

仕入控除税額　＝　課税標準額に対する消費税額　×

$$
\frac{
\begin{array}{c}第1種事\\業に係る\\消費税額\\×\ 90\%\end{array} +
\begin{array}{c}第2種事\\業に係る\\消費税額\\×\ 80\%\end{array} +
\begin{array}{c}第3種事\\業に係る\\消費税額\\×\ 70\%\end{array} +
\begin{array}{c}第4種事\\業に係る\\消費税額\\×\ 60\%\end{array} +
\begin{array}{c}第5種事\\業に係る\\消費税額\\×\ 50\%\end{array} +
\begin{array}{c}第6種事\\業に係る\\消費税額\\×\ 40\%\end{array}
}{
\begin{array}{c}第1種事\\業に係る\\消費税額\end{array} +
\begin{array}{c}第2種事\\業に係る\\消費税額\end{array} +
\begin{array}{c}第3種事\\業に係る\\消費税額\end{array} +
\begin{array}{c}第4種事\\業に係る\\消費税額\end{array} +
\begin{array}{c}第5種事\\業に係る\\消費税額\end{array} +
\begin{array}{c}第6種事\\業に係る\\消費税額\end{array}
}
$$

(2)　特例計算

イ　1事業に係る課税売上高が 75％以上の場合

2以上の事業を営む事業者で、特定の一事業のその課税期間の課税売上高が全体の 75％以上を占める事業者は、その 75％以上を占める事業のみなし仕入率をその事業者の課税売上高に係る消費税額の全体に対して適用することができます（令 57 ③一、基通 13-4-1）。

$$仕入控除税額 ＝ 課税標準額に対する消費税額 × \begin{matrix} 75\%以上を占める \\ 事業のみなし仕入率 \end{matrix}$$

ロ　2事業に係る課税売上高が75％以上の場合

　3以上の事業を営む事業者で、特定の2事業のその課税期間の課税売上高の合計額が全体の75％以上を占める事業者は、そのうちみなし仕入率の高い事業に係る消費税額については、その事業に適用されるみなし仕入率をそのまま適用し、それ以外の事業に係る消費税額については、その特定の2事業のうち低い方のみなし仕入率を適用することができます（令57③二、基通13-4-2）。

※　この特例は「〜することができる」という規定ですから、原則計算のみなし仕入率と特例計算のみなし仕入率を比較して選択することができます。

※　75％以上の割合を計算する場合における**「課税売上高」**とは、課税資産の譲渡等の対価の額の合計額からその課税期間中に行った課税売上げに係る対価の返還等の金額の合計額を控除した残額をいい、この課税売上高には、免税売上高は除きます（令57③）。

（例）

> 卸売業（第1種事業）、小売業（第2種事業）、サービス業（第5種事業）の3種類の事業を兼業している事業者の場合で、それぞれの事業に係る課税売上高の割合が、
>
> 　卸売業部分　　　　100分の50
>
> 　小売業部分　　　　100分の30
>
> 　サービス業部分　　100分の20
>
> の場合には、卸売部分の課税売上高については第1種事業のみなし仕入率の90％を、残りの小売及びサービス部分の課税売上高の合計については第2種事業のみなし仕入率である80％を適用することができます。
>
> 　仕入控除税額　＝　課税標準額に対する消費税額×
>
> $$\frac{\text{第1種事業に係る消費税額} \times 90\% + \left[\text{課税売上げに係る消費税額} - \text{第1種事業に係る消費税額}\right] \times 80\%}{\text{課税売上げに係る消費税額}}$$

(3)　事業者が営む事業ごとに課税売上高を区分していない場合

　2以上の事業を営む事業者が、事業ごとに区分していない課税売上高がある場合には、区分していない課税売上高に係る事業のみなし仕入率のうち最も低いみなし仕入率を、区分していない課税売上高に係る消費税額に適用して計算します（令57④）。

XI　売上げに係る対価の返還等をした場合等の税額控除等

1　売上げに係る対価の返還等をした場合の税額控除

　課税事業者が、国内において行った課税資産の譲渡等（輸出取引等消費税が免除されるものを除きます。）について返品を受け、又は値引き若しくは割戻しをしたことにより売上げに係る対価の返還等をした場合は、返還等をした課税期間の課税標準額に対する消費税額から、売上対価の返還等に係る消費税額を控除します（法38①）。

(1)　計算方法

　次の算式により計算した金額の合計額を、その課税期間の課税標準額に対する消費税額から控除します。

$$
\begin{array}{l}\text{売上げに係る対価の返還}\\ \text{等に係る消費税額}\end{array} = \begin{array}{l}\text{売上げに係る対価の返還}\\ \text{等に係る金額（税込み）}\end{array} \times \frac{7.8}{110}
$$

> ※　令和元年9月30日以前に行った課税資産の譲渡等について、売上げに係る対価の返還等をした場合には、108分の6.3、令和元年10月1日以後に行った軽減対象課税資産の譲渡等に係るものである場合には108分の6.24となります。

(2)　控除の要件

　売上げに係る対価の返還等をした金額の明細を記録した帳簿を保存することが必要となります（法38②）。

2　特定課税仕入れに係る対価の返還等を受けた場合の税額控除

　課税事業者が、国内において行った特定課税仕入れについて、値引き又は割戻しを受けたことにより特定課税仕入れに係る対価の返還等を受けた場合は、返還等を受けた課税期間の課税標準額に対する消費税額から、特定課税仕入れに係る対価の返還等の金額に係る消費税額を控除します（法38の2①）。

　特定課税仕入れに係る対価の返還等を受けた金額の明細を記録した帳簿を保存することが必要となります（法38の2②）。

$$\begin{matrix}\text{特定課税仕入れに係る対価}\\\text{の返還等に係る消費税額}\end{matrix} = \begin{matrix}\text{特定課税仕入れに係る対}\\\text{価の返還等に係る金額}\end{matrix} \times \frac{7.8}{100}$$

> ※　令和元年9月30日以前に行った特定課税仕入れについて、対価の返還等を受けた場合には、100分の6.3となります。

貸倒れが生じた場合の税額控除等

　課税事業者が国内において課税資産の譲渡等（輸出取引等消費税が免除されるものを除きます。）を行った場合で、相手方に対するその課税資産の譲渡等に係る売掛金その他の債権につき貸倒れが生じ、その対価を領収することができなくなった場合は、領収することができなくなった課税期間の課税標準額に対する消費税額から、領収することができなくなった貸倒れに係る消費税額を控除します（法39①）。

$$\text{貸倒れに係る消費税額の控除額} = \text{貸倒れに係る金額（税込み）} \times \frac{7.8}{110}$$

> ※　令和元年9月30日以前に行った課税資産の譲渡等に係る売掛金等について、貸倒れとなった場合には、108分の6.3、令和元年10月1日以後に行った軽減対象課税資産の譲渡等に係るものである場合には108分の6.24となります。

　貸倒れの事実が生じたことを証する書類を保存することが控除の要件となります（法39②）。
　なお、貸倒れに係る消費税額の控除を受けた課税資産の譲渡等の金額が後日回収された場合には、その回収した金額に7.8/110を乗じた額を課税資産の譲渡等に係る消費税額とみなして、その回収した課税期間の課税標準額に対する消費税額に加算します（法39③）。

※　令和元年9月30日以前に行った課税資産の譲渡等に係る売掛金等について、貸倒れに係る消費税額の控除の適用を受けた税込価額を後日領収した場合には、108分の6.3、令和元年10月1日以後に行った軽減対象課税資産の譲渡等に係るものである場合には108分の6.24となります。

XⅢ 申告納付、届出義務

　消費税は、原則として、申告納税方式を採用しており、国内取引については事業者が課税期間ごとに申告と納付を行い、輸入取引については課税貨物を引き取る者がその引取りの時までに申告と納付を行うこととされています。

1 申告・納付

(1) 確定申告

　課税事業者は、課税期間ごとにその課税期間の末日の翌日から2月以内に、所定の事項を記載した消費税及び地方消費税の確定申告書を所轄税務署長に提出するとともに、その申告に係る消費税と地方消費税を併せて納付しなければなりません（法45、49）。

　したがって、法人の場合は、課税期間の特例を選択している場合を除き、例えば、3月決算の法人は、5月末日までに申告及び納付を行うこととなります。

　また、個人事業者の場合は、個人事業者の申告及び納付の事務について特段の配慮をして、その年の12月31日の属する課税期間（課税期間の特例を選択している場合を除き、1月1日から12月31日までが個人事業者の課税期間となります。）に係る申告及び納付の期限は翌年3月31日とされています（措法86の4①）。

　なお、消費税と地方消費税（譲渡割）は、当分の間、消費税と地方消費税（譲渡割）とを併せて税務署長に申告し、国に納付することとされています。

※　課税資産の譲渡等（輸出免税など消費税が免除されるものを除きます。）及び特定課税仕入れがなく、かつ、納付する消費税額がない課税期間については、確定申告書の提出を要しません（法45①）。

※　控除する消費税額が課税標準額に対する消費税額を上回り、控除不足額が生じた場合又は中間納付額が確定申告により納付する消費税額を上回る場合には、還付を受けるための申告書を提出することができます（法45①、46①、52①、53①）。

※　仮決算による中間申告書、確定申告書、還付請求申告書には課税期間中の資産の譲渡等の対価の額及び課税仕入れ等の税額の明細その他の事項を記載した書類を添付しなければならないこととされています（法43③、45⑤、46③）。

(2)　中間申告

　課税事業者（課税期間の特例の適用を受けている事業者は除かれます。）は、直前の課税期間の確定消費税額の年税額（以下「確定年税額」といいます。）が4,800万円を超える場合、400万円を超え4,800万円以下である場合又は48万円を超え400万円以下である場合には、それぞれ中間申告を行い、その申告に係る消費税額を納付することとされています（法42、43、48）。

　また、確定年税額48万円以下であっても、事業者の選択により中間申告を行う旨の届出書を提出することにより、中間申告を行うことができます（法42⑧）。

　中間申告には、次の直前の課税期間の確定消費税額を基礎とする場合と、仮決算に基づく場合の二つの方法があり、いずれかの方法によることができます。

　イ　直前の課税期間の確定消費税額による場合

　　　直前の課税期間の確定消費税額による場合は、直前の課税期間の確定消費税額に応じて、次のとおりとなります（法42①④⑥）。

直前の課税期間の 確定消費税額	中間申告税額	
区　　分	中間申告対象期間	申告・納期限
4,800万円超の場合 （年11回の中間申告）	直前の課税期間の確定消費税額の12分の1	
個人事業者	1〜3月	5月末日
	4月から11月までの各月	中間申告対象期間の末日の翌日から2月以内
法人	課税期間開始後の1月分	その課税期間開始の日から2月経過した日から2月以内
	上記1月分の翌月以降の10月分	中間申告対象期間の末日の翌日から2月以内
400万円超、4,800万円以下の場合（年3回の中間申告）	直前の課税期間の確定消費税額の12分の3	
個人事業者・法人	課税期間開始の日以後3月ごとに区分した期間	中間申告対象期間の末日の翌日から2月以内
48万円超、400万円以下の場合（年1回の中間申告）	直前の課税期間の確定消費税額の12分の6	
個人事業者・法人	課税期間開始の日以後6月の期間	中間申告対象期間の末日の翌日から2月以内
48万円以下	中間申告不要 ※ 事業者が中間申告を行う旨の届出書を提出した場合には、6月中間申告書を提出することができます。	

（注）1 課税期間が1年である課税事業者を前提にしています。

　　　2 確定消費税額とは、原則として、その課税期間の直前の課税期間の確定申告書に記載すべき消費税額で、中間申告対象期間の末日までに確定したものです。

ロ　仮決算による中間申告

　中間申告書の提出が必要な事業者が、課税期間の開始後1か月、3か月又は6か月を一課税期間とみなして仮決算を行い、計算され

た実額を中間申告書に記載して、申告及び納付を行うことができます（法43、48）。

　なお、中間申告の場合は控除不足が生じても還付を受けることはできません（基通15-1-5）。

ハ　中間申告書の提出がなかった場合

　中間申告書の提出が必要な事業者が、中間申告書を期限までに提出しなかった場合には、その提出期限に、直前の課税期間に係るイにより計算される消費税額を記載した中間申告書の提出があったものとみなされます（法44）。

(3) 輸入取引に係る申告と納付

　申告納税方式が適用される課税貨物（外国貨物のうち消費税が課税されるもの）を保税地域から引き取ろうとする者（事業者に限られず、消費者である個人も含まれます。）は、課税貨物を保税地域から引き取る時までに、その保税地域の所轄税関長に輸入申告書を提出するとともに、引き取る課税貨物に課される消費税額を納付しなければなりません（法47①、50①）。

　なお、関税額の確定について申告納税方式が適用される者で納期限の延長申請を行い、担保を提供した場合には、その担保の額の範囲内において、3か月以内に限り納期限の延長が認められます（法51）。

※　保税地域から引き取られる外国貨物については、国内において事業者が行った資産の譲渡等の場合のように、「事業として対価を得て行われる……」ものには限られていませんから、保税地域から引き取られる外国貨物に係る対価が無償であっても、また、保税地域からの外国貨物の引取りが事業として行われるものではなくても、課税の対象になります（基通5-6-2）。

2 納税地

　納税地とは、租税に関し納税者と国との間の法律関係の結び付きを決定する場所であり、申告、申請、請求、届出や納付等の諸手続に関する所轄税務署長を定める基準となる場所ということになります。

(1) 国内取引の納税地

　国内取引の場合の納税地は、個人と法人との区分に応じ、原則として次のとおり定められています（法20、22、基通2-1-1、2-1-2、2-2-1）。

　　イ　個人事業者

　　　・　国内に住所を有する場合

　　　　⇨　住所地

　　　・　国内に住所を有せず、居所を有する場合

　　　　⇨　居所地

　　　・　国内に住所及び居所を有せず、事務所等を有する場合

　　　　⇨　事務所等の所在地（※）

　　　※　事務所等が2以上ある場合は、主たるものの所在地となります。

　　ロ　法人

　　　・　内国法人の場合

　　　　⇨　本店又は主たる事務所の所在地

　　　・　内国法人以外の法人で、国内に事務所等を有する法人の場合

　　　　⇨　事務所等の所在地（※）

　　　※　事務所等が2以上ある場合は、主たるものの所在地となります。

(2) 納税地の選択

　個人事業者が所得税法の規定（納税地の特例）により、住所地に代えて、居所地又は事務所等の所在地を納税地として選択した場合には、消費税についてもその選択した居所地又は事務所等の所在地が納税地となります（法21①②）。

(3) 納税地の指定

　納税地が、資産の譲渡等の状況からみて、消費税の納税地として不適当であると認められる場合には、その納税地の所轄国税局長（指定されるべき納税地が所轄国税局長の管轄区域以外の地域にある場合には、国税庁長官）は、適当とする納税地を指定することができます（法23①、令44）。

(4) 輸入取引の納税地

　保税地域から引き取られる外国貨物の納税地は、課税貨物を引き取る保税地域の所在地です（法26）。

3 各種の届出義務等

(1) 届出書を提出する場合

　事業者は、所定の要件等に該当することとなったときは、納税地の所轄税務署長に、その事実を記載した届出書を提出しなければならないこととされています。

（主な届出書とその要件等）

届出書名	提出することとなる要件等	根拠条文	提出時期
消費税課税事業者届出書（基準期間用）	基準期間における課税売上高が1,000万円を超えることとなった場合	法57①一	速やかに
消費税課税事業者届出書（特定期間用）	特定期間における課税売上高が1,000万円を超えることとなった場合	法57①一	速やかに
消費税の納税義務者でなくなった旨の届出書	基準期間における課税売上高が1,000万円以下となった場合（課税事業者が免税事業者となった場合）	法57①二	速やかに

高額特定資産の取得に係る課税事業者である旨の届出書	高額特定資産の仕入れ等を行ったことにより消費税法第12条の4第1項の適用を受ける課税期間の基準期間における課税売上高が1,000万円以下となったとき	法57①二の二	速やかに
事業廃止届出書	課税事業者が事業を廃止した場合	法57①三	速やかに
個人事業者の死亡届出書	課税事業者が死亡した場合	法57①四	速やかに
合併による法人の消滅届出書	課税事業者である法人が合併により消滅した場合	法57①五	速やかに
消費税の新設法人に該当する旨の届出書	基準期間がない事業年度の開始の日における資本又は出資の金額が1,000万円以上である法人に該当することとなった場合	法57②	速やかに
消費税の特定新規設立法人に該当する旨の届出書	特定新規設立法人に該当することとなったとき	法57②	速やかに
消費税課税事業者選択届出書	免税事業者（基準期間における課税売上高1,000万円以下の者）が課税事業者となることを選択する場合	法9④	適用課税期間の開始の日の前日
消費税課税事業者選択不適用届出書	課税事業者の選択をやめる場合（ただし課税事業者を選択した場合2年間は継続適用しなければならない。また、調整対象固定資産の課税仕入れを行った場合で、一定の要件に該当する場合は、一定期間提出することができない。）	法9⑤〜⑧	適用をやめようとする課税期間の開始の日の前日
消費税課税期間特例選択・変更届出書	課税期間の短縮を選択する場合又は短縮課税期間を変更する場合	法19①三〜四の二	適用課税期間の開始の日の前日
消費税課税期間特例選択不適用届出書	課税期間短縮の選択をやめる場合（ただし課税期間の短縮を選択した場合2年間は継続適用しなければならない。）	法19③⑤	適用をやめようとする課税期間の開始の日の前日

消費税異動届出書	納税地等に異動があった場合	法25	遅滞なく
消費税簡易課税制度選択届出書	簡易課税制度の適用を受ける場合	法37①	適用課税期間の開始の日の前日
消費税簡易課税制度選択不適用届出書	簡易課税制度の適用をやめる場合（ただし簡易課税制度を選択した場合2年間は継続適用しなければならない。なお、調整対象固定資産の課税仕入れを行った場合で、一定の要件に該当する場合は、一定期間提出できない。また、高額特定資産を取得した場合の事業者免税点制度の特例の適用を受ける場合は、一定期間提出できない。）	法37⑤〜⑦	適用をやめようとする課税期間の開始の日の前日
消費税課税売上割合に準ずる割合の不適用届出書	承認を受けた課税売上割合に準ずる割合の適用をやめようとする場合	法30③	適用をやめようとする課税期間の末日まで
任意の中間申告書を提出する旨の届出書	任意の中間申告制度を適用しようとするとき	法42⑧	適用を受けようとする6月中間申告対象期間の末日まで
任意の中間申告書を提出することの取りやめ届出書	任意の中間申告制度の適用をやめようとするとき	法42⑨	適用をやめようとする6月中間申告対象期間の末日まで
臨時販売場設置届出書	輸出物品販売場（臨時販売場）の設置許可を受けている事業者が臨時販売場を設置しようとするとき	法8⑧	設置する日の前日まで

(2)　承認を受ける場合

　課税事業者は、所定の場合には、納税地の所轄税務署長又は保税地域の所轄税関長の承認を受けなければならないこととされています。

（主な申請書とその要件等）

申請書名	承認が必要な場合	根拠条文	承認申請期間、効力発生時期等
消費税課税事業者選択（不適用）届出に係る特例承認申請書	課税事業者選択届出書又は選択不適用届出書を災害等により適用を受けようとする課税期間の初日の前日までに提出できなかった場合	令20の2③	災害等がやんだ日から2月以内（課税事業者選択（不適用）届出書と併せて提出）
消費税簡易課税制度選択（不適用）届出に係る特例承認申請書	簡易課税制度選択届出書又は選択不適用届出書を災害等により適用を受けようとする課税期間の初日の前日までに提出できなかった場合	令57の2③	災害等がやんだ日から2月以内（簡易課税制度選択（不適用）届出書と併せて提出）
災害等による消費税簡易課税制度選択（不適用）届出に係る特例承認申請書	災害等の生じた課税期間等について簡易課税制度の適用を受けることが必要となった又は受ける必要がなくなった場合	法37の2②	災害等がやんだ日から2月以内（簡易課税制度選択（不適用）届出書と併せて提出）。
消費税課税売上割合に準ずる割合の適用承認申請書	課税売上割合に代えて課税売上割合に準ずる割合を用いて仕入控除税額を計算しようとする場合	法30③	承認を受けようとするとき（承認を受けた日の属する課税期間から適用）
納期限延長承認申請書	外国貨物に係る消費税の納期限の延長を受けようとするとき	法51①〜③	承認を受けようとする納期限前まで
輸出物品販売場許可申請書（一般型用）、（手続委託型用）	輸出物品販売場を開設しようとするとき（許可申請に当たっては、輸出物品販売場の区分に応じた許可申請書の提出が必要です。）	法8⑥	許可を受けようとするとき
承認免税手続事業者承認申請書	特定商業施設内に免税手続カウンターを設置しようとするとき	令18の2⑧	設置しようとするとき
臨時販売場設置承認申請書	臨時販売場設置の承認を受けようとするとき	法8⑨	承認を受けようとするとき

4　記帳事項・帳簿の保存

(1)　帳簿の記載事項と保存期間

　課税事業者は帳簿を備え付けて、これに取引を行った年月日、内容、金額、相手方の氏名又は名称などの必要事項を整然とはっきり記載し、この帳簿の閉鎖の日の属する課税期間の末日の翌日から2か月を経過した日から7年間、納税地等で保存する必要があります（法58、令71①、規27）。

　なお、帳簿は、これらの記載事項を充足するものであれば、商業帳簿のほか、所得税・法人税の申告の基礎となる帳簿書類でも差し支えありません（基通17-3-1）。

（帳簿への記載事項）

取引区分	帳簿への記載事項
資産の譲渡等（特定資産の譲渡等を除く）を行った場合	①取引の相手方の氏名又は名称 ②取引年月日 ③取引内容 ④取引金額
売上返品を受けたり、売上値引きや売上割戻しなど資産の譲渡等に係る対価の返還等を行った場合	①売上返品等に係る相手方の氏名又は名称 ②売上返品等に係る年月日 ③売上返品等の内容 ④売上返品等に係る金額
仕入返品をしたり、仕入値引きや仕入割戻しなど仕入れに係る対価の返還等を受けた場合	①仕入返品等に係る相手方の氏名又は名称 ②仕入返品等に係る年月日 ③仕入返品等の内容 ④仕入返品等に係る金額
貸倒れが生じた場合	①貸倒れの相手方の氏名又は名称 ②貸倒れ年月日 ③貸倒れに係る資産又は役務の内容 ④貸倒れに係る金額
課税貨物に係る消費税額の還付を受けた場合	①保税地域の所轄税関名 ②還付を受けた年月日 ③課税貨物の内容 ④還付を受けた消費税

(注)　1　令和元年 10 月 1 日から令和 5 年 9 月 30 日までの間は、軽減税率の適用対象となるものがある場合はその旨を合わせて記帳する必要があります（平成 28 改正規附則 11）。

　　　　2　令和元年 10 月 1 日から令和 5 年 9 月 30 日までの間は、取引金額等を税率の異なるごとに区分する必要があります（平成 28 改正規附則 11）。

(2)　帳簿の保存方法

　帳簿は、原則として、帳票類で保存しますが、特例として、7 年のうち最後の 2 年間は一定の要件を満たすマイクロフィルムによる保存が認められています。

　また、あらかじめ納税地の所轄税務署長の承認を受けて、コンピュータで作成した帳簿を、一定の要件の下に電子データにより保存することができます。

> ※　取引の相手先から受け取った請求書等及び自らが作成したこれらの写し（決算関係書類を除きます。）について、あらかじめ納税地の所轄の税務署長の承認を受けた場合には、一定の要件の下で、書面による保存に代えて、スキャナで読み取って作成した電子化文書による保存が認められます。

(3)　記載事項の省略ができる場合

　小売業、飲食店業、写真業及び旅行業等を営む事業者は、上記（帳簿への記載事項）の記載事項のうち「取引の相手方の氏名又は名称」及び「売上返品等に係る相手方の氏名又は名称」の記載を省略することができます（規 27 ②)。

5 国、地方公共団体等に対する特例

　国又は地方公共団体等については、事業単位や資産の譲渡等の時期、仕入税額控除などの取扱いに関して、次のような特例措置が設けられています（法60）。

(1) 事業単位等の特例

　イ　資産の譲渡等の事業単位

　　国又は地方公共団体が、一般会計又は特別会計を設けて行う事業に係る資産の譲渡等については、その会計ごとに一の法人が行う事業とみなされます。

　　ただし、特別会計を設けて行う事業のうち、専ら一般会計に対して資産の譲渡等を行う特別会計などは一般会計に属するものとみなされます。

　ロ　納税義務の成立時期

　　国又は地方公共団体が行った資産の譲渡等又は課税仕入れ等の時期については、その対価を収納すべき又は費用の支払をすべき会計年度の末日に行われたものとすることができます。

　　また、消費税法別表第3に掲げる法人のうち、国又は地方公共団体に準ずる法人として納税地の所轄税務署長の承認を受けた法人も、その法人が行った資産の譲渡等又は課税仕入れ等の時期についてその対価を収納すべき又は費用の支払をすべき課税期間の末日に行われたものとすることができます。

　ハ　申告書の提出期限

　　国又は地方公共団体の特別会計の申告書の提出期限は課税期間終了後3か月から6か月までの範囲で、また、消費税法別表第3に掲げる法人で納税地の所轄税務署長の承認を受けた法人の申告書の提出期限は所轄税務署長の承認を受けた期間内とされています。

(2)　仕入税額控除についての特例

　国や地方公共団体の特別会計、消費税法別表第3に掲げる法人又は人格のない社団等で特定収入がある場合は、通常の計算による仕入控除税額から、特定収入で賄っている課税仕入れ等に係る消費税額に相当する金額を控除した残額が仕入税額控除の対象となります。

─ *Keyword* ─

　＜特定収入＞資産の譲渡等の対価以外の不課税収入をいい、例えば、次のようなものが該当します。

　・租税　・補助金　・交付金　・寄附金　・出資に対する配当金　・保険金　・損害賠償金　・資産の譲渡等の対価に該当しない負担金、他会計からの繰入金、会費等、喜捨金等

6　総額表示

　総額表示とは、値札などに税込価格を表示することにより、消費者が商品などの購入を判断する前に「消費税額を含んだ価格」を一目で分かるようにするものです。課税事業者が消費者に対して商品等の販売、役務の提供などの取引を行う際に、あらかじめ取引価格を表示する場合は、商品や役務などに係る税込価格を表示すること（総額表示）が義務付けられています。

(1)　総額表示の対象

　①　対象者……………消費税の課税事業者
　②　対象となる取引…消費者に対して商品の販売、役務の提供等を行う場合、いわゆる小売段階の価格表示（事業者間取引は、総額表示義務の対象となりません。）

(2)　表示方法

　価格表示の方法は、商品やサービス、あるいは事業者によって様々な方法がありますが、「税込価格」が明示されているかどうかがポイントとなります。

(3)　総額表示義務の特例

　消費税の円滑かつ適正な転嫁の確保のための消費税の転嫁を阻害する行為の是正等に関する特別措置法（消費税転嫁対策特別措置法）第10条で、二度にわたる消費税率の引上げに際し、消費税の円滑かつ適正な転嫁の確保及び事業者による値札の貼り替え等の事務負担に配慮する観点から、総額表示義務の特例として、平成25年10月1日から令和3年3月31日までの間、「現に表示する価格が税込価格であると誤認されないための措置」（誤認防止措置）を講じていれば税込価格を表示することを要しないこととされました。

　これにより、総額表示義務の対象となる表示であっても、誤認防止措置を講じていれば、税抜価格のみの表示などを行うことができます。

第 2 章

消費税調査の
概要とその
対応チェック
ポイント

　消費税の調査については、現在、所得税又は法人税との同時調査を基本として行われていますが、消費税は今や税収の最重要な位置を占めるとともに、消費税率の引上げも相まって、税務当局の調査のウエイトも消費税へシフトしていくことが容易に想像できる状況にあると思われます。

　そこで、ここでは、消費税調査の概要を紹介し、調査手続とそのポイントについて説明することとします。

1　消費税調査の概要（位置付け）

(1)　国税庁の使命と適正公平な課税と徴収

　2019年度版の「国税庁レポート」では、国税庁の使命は「納税者の自発的な納税義務の履行を適正かつ円滑に実現する」ことで、この使命を果たすため、納税者サービスの充実に努めるとともに、適正・公平な課税・徴収に努めているとしています。また、適正・公平な課税・徴収の実現への取組の面では、①納税環境の整備と②適正・公平な税務行政の推進を掲げており、「適正・公平な税務行政の推進」の項目として、適正・公平な課税を実現するため、(イ)関係法令を適正に適用すること、(ロ)適正申告の実現に努めるとともに、申告が適正でないと認められる納税者に対しては的確な調査・指導を実施することにより誤りを確実に是正すること、(ハ)期限内収納の実現に努めるとともに、期限内に納付を行わない納税者に対して滞納処分を執行するなどにより確実に徴収することを掲げており、国税庁にとって調査という取組が適正・公平な課税・徴収の実現のための中心になるものと思われます。

　また、同レポートにおいて、「調査において重点的に取り組んでいる事項」として、「消費税の適正課税の確保のため、十分な審査と調査等を実施」を掲げており、「消費税は、税収の面で主要な税目の一つであり、国民の関心も極めて高いことから、一層の適正な執行に努めていま

す。特に、虚偽の申告により不正に還付金を得ようとするケースについては、調査などを通じて還付原因となる事実関係を確認し、その防止に努めています。また、社会的に問題となっている金密輸に伴う輸入消費税の脱税への対応についても、税関当局との一層の連携を図っています。」と報告しています。消費税の適正な執行、不正還付に対する未然防止と脱税への対応に重点的に取り組んでいることがうかがえます。

(2) 消費税調査における取組

　消費税調査は、原則として、所得税又は法人税との同時調査により行われていますが、国税当局の消費税調査における主な取組内容として次のような発表がなされています。

　イ　個人事業者関係

　　消費税（個人事業者）の調査等については、収集した資料情報や所得税の申告事績、その業種の景況等から見て、所得税を過少に申告して意図的に消費税の申告を免れていると想定される事案、また、課税取引と非課税取引の判定や簡易課税制度のみなし仕入率に誤りが想定される事案などを対象に調査等を実施し、適正な課税に努めているとされています。

　　（平成30年11月「平成29事務年度における所得税及び消費税調査等の状況について」記者発表資料より）

　　また、消費税の無申告者に対しては、更なる資料情報の収集及び活用を図るなどして、実地調査のみならず、簡易な接触も活用して積極的に調査を実施するとされています。

　　（令和元年11月「平成30事務年度における所得税及び消費税調査等の状況について」記者発表資料より）

○ 個人事業者に対する消費税調査の状況

調査区分	特別調査・一般調査	対前年比	着眼調査	対前年比	簡易な接触	対前年比	合　計	対前年比
調査件数	28,415 28,504	100.3%	9,504 9,919	104.4%	49,631 47,628	96.0%	87,550 86,051	98.3%

(注) 1　令和元年11月「平成30事務年度所得税及び消費税調査等の状況」記者発表資料より

2　調査件数の上段は平成29事務年度、下段は平成30事務年度

3　「特別調査・一般調査」とは、高額・悪質な不正計算が見込まれる事案を対象に深度ある調査を行うものであり、特に、特別調査は、多額な脱漏が見込まれる個人等を対象に、相当の日数（1件当たり10日以上を目安）を確保して実施しているもの。

4　「着眼調査」とは、資料情報や申告内容の分析の結果、申告漏れ等が見込まれる個人を対象に実地に臨場して短期間で行う調査。

5　「簡易な接触」とは、原則、納税者宅等に臨場することなく、文書、電話による連絡又は来署依頼による面接を行い、申告内容を是正するもの。

ロ　法人関係

①　無申告法人に対する取組

　　事業を行っているにもかかわらず申告をしていない法人を放置しておくことは、納税者の公平感を著しく損なうものであることから、登記情報等から法人を把握した上、無申告法人を的確に管理するとともに、こうした稼働無申告法人に対する調査に重点的に取り組む。

②　消費税還付申告法人に対する取組

　　虚偽の申告により不正に消費税の還付金を得るケースが見受けられるため、こうした不正還付等を行っていると認められる法人については、的確に選定し、厳正な調査を実施。

③　納税者の税務コンプライアンス維持・向上に向けた取組（簡易な接触）

　　国税当局においては、あらゆる機会を通じて資料情報を収集し、様々な角度から、納税者の事業実態や申告書の内容等について分析・検討を行って、調査必要度の高い納税者に対しては実地調査を行い、それ以外の納税者に対しては、是正を目的として実地調査以外の手法を用いて接触することにより、納税者の税務コンプライアンスを維持し、向上を図る取組を行っているとされています。

　　法人税・消費税関係では、申告内容に誤りがあると想定される納税者に対して自発的な見直しを要請しているほか、申告書の提出がない納税者に対して、申告義務の有無を確認するため、事業概況を聞き取るなどして自発的な申告を促しているとされています。
（令和元年11月「平成30事務年度における法人税・法人消費税等の調査事績の概要」国税庁記者発表資料より）

○　法人消費税の実地調査の状況

年度区分	平成29事務年度	平成30事務年度	対前年比
実地調査件数	94,000件	95,000件	101.4%

2　消費税調査手続

(1)　消費税調査の担当部署

　消費税の調査は、法人税を申告する必要がない法人である国・地方公共団体などは消費税の単独調査となりますが、一般の事業者に対しては、所得税又は法人税の調査と同時に行う同時調査が基本とされていますから、納税者が個人事業者か法人かにより、担当部署も異なることになります。

　個人事業者は、税務署の個人課税部門が所得税等との同時調査を行っ

ています。

　これに対し、法人の税務調査の場合は、国税局が所管する場合と税務署が所管する場合とがあり、原則として、資本金が 1 億円以上の法人は国税局の調査部（調査査察部）、1 億円未満の法人は税務署が所管することとされています。したがって、原則として、調査部（調査査察部）所管法人については、国税局の調査部（調査査察部）において法人税との同時調査を行い、税務署が所管する法人については、税務署の法人課税部門等の職員が法人税、源泉所得税等との同時調査を行っています。

　したがって、消費税の調査は、このような調査担当部署で、かつ、同時調査が基本ですから、個人事業者は所得税と消費税、法人は法人税と消費税それぞれ双方からの視点、双方からの観点から申告内容を検討する必要があるということを念頭に置く必要があります。

(2)　調査の事前準備

　2019 年度版の国税庁レポートによると、「国税庁では、給与所得の源泉徴収票や配当等の支払調書などの法定調書のほか、調査の際に把握した情報など、あらゆる機会を通じて様々な資料情報の収集を行い、的確な調査・指導に活用しています。特に、経済取引の国際化、ICT 化等の進展や不正形態の変化に常に着目し、新たな資産運用手法や取引形態を把握するため、海外投資や海外企業との取引に関する情報、シェアリングエコノミー等新分野の経済活動に関する情報などの資料情報の収集に取り組んでいるところです。」と報告されています。

　したがって、調査に当たっては、税務当局は部内の他税目に関する資料、地方公共団体をはじめ他官庁からの情報、インターネットから得られる情報など ICT を活用した情報収集など様々なツールを用いてあらゆる観点から情報収集を行っていることが伺えます。

　また、消費税の調査は同時調査が基本ですから、当然のことながら所得税や法人税の観点からの調査対象の選定が中心になると思われます

が、消費税の重要性が増してきている状況においては、消費税固有の観点からの調査対象の選定も増加していると思われますので、このような点も念頭に置く必要があります。

⑶　税務調査手続等

　平成23年の国税通則法の改正により、調査手続の透明性及び納税者の予見可能性を高め、調査に当たって納税者の協力を促すことで、より円滑かつ効果的な調査の実施と申告納税制度の一層の充実・発展に資する観点及び課税庁の納税者に対する説明責任を強化する観点から、国税通則法の中に国税の調査に関する規定（第7章の2）が新設され、調査手続が、法令上明確化されました。

　これに伴い、国税庁から、法令を遵守した適正な調査の遂行を図るため、調査手続の実施に当たっての基本的な考え方等を定めた、事務運営指針（平成24年9月12日「調査手続の実施に当たっての基本的な考え方等について（事務運営指針)」）が公表されています。以下、これに沿って、このうち主なものについて、消費税調査の流れと留意点などを確認します。

　イ　調査と行政指導の区分の明示

　　納税義務者等には、調査又は行政指導を行う際は、対面、電話、書面等を問わず、調査なのか行政指導なのかを明示することとされており、税務当局から何らかの接触がある場合は説明があると思われますが、納税者の側からも何を目的とした接触なのか確認をしておくことが、後々のトラブルを防止するためにも必要であると考えられます。

　　なお、「調査」とは、国税（国税通則法第74条の2から第74条の6までに掲げる税目に限られます。）に関する法律の規定に基づき、特定の納税義務者の課税標準等又は税額等を認定する目的その他国税に関する法律に基づく処分を行う目的で当該職員が行う一連の行為（証拠資料の収集、要件事実の認定、法令の解釈適用など）をいうとさ

れています。

ロ　事前通知に関する手続

　　実地の調査を行う場合には、原則として、調査の対象となる納税義務者及び税務代理人（税務代理権限証書を提出した税理士）の双方に対し、調査開始日前までに相当の時間的余裕をおいて、電話等により調査の開始日時、開始場所、調査対象税目、調査対象期間など国税通則法に定める事項について事前通知することとされています。

　　このような調査は、任意調査ですから、強制力はありませんが、納税者には調査を受忍する義務がありますので調査を拒否することはできません。税務署等は事前通知に先立って、納税義務者及び税務代理人の都合を聴取することとされていますので、納税者等に相当の理由があれば、遠慮することなく、日時の変更を求め、調査日程を調整の上、調査開始日時を決定することが可能です。

　　なお、税務署長等が保有する情報等により、事前通知することにより正確な事実関係の把握を困難にするおそれや調査の適正な遂行に支障を及ぼすおそれがあると認める場合には、事前通知を要しないこととされていますので、このような場合は事前通知がなく調査が行われます。

ハ　調査時における手続

①　身分証明書等の提示等

　　実地の調査を実施する場合には、調査担当者は身分証明書及び質問検査章を必ず携帯し、納税者に提示して、調査のために往訪した旨を明らかにすることとされています。最近は、税務職員をかたる詐欺行為もありますから、納税者においても、身分証明書及び質問検査章の提示を求めて、姓名、身分等を確実に確認することが肝要です。

②　質問検査等への対応

　　納税者に対して質問検査が行われますが、調査担当者は、通

常、代表者などから事業概況、業務形態、取引方法、取引条件、取扱商品、取引先、決済方法、子会社等の状況、帳簿組織などを聴取することを帳簿調査等に移行する前提として行っています。質問に対する回答は正確に行うことが重要ですので、最大の注意を払う必要があります。また、必要がある場合には、代理人や使用人その他の従業者にも質問検査等が及ぶ場合があります。この場合には、原則として、あらかじめ理解と協力を得ることとされているため、納税者においても理由等を確認しておくとともに、従業者等には誤りのない正確な回答を行うよう指導することが肝要です。

③　帳簿書類等の調査と預り等

　　質問により回答を得た内容の裏付けや会計処理に誤りがないかの確認など帳簿調査は税務調査に必要不可欠です。そこで、調査について必要がある場合には、帳簿書類その他の物件（その写しを含みます。）の提示・提出を求められることがあります。また、場合によっては、帳簿書類を税務署等に持ち帰って調査する場合もあります。その場合には、「預り証」が交付されることとされていますので確実に受領し、紛失しないように保管してください。また、「預り証」には、預かる帳簿書類等の名称や数量など必要事項が記載されていますので、誤りがないか確認することが肝要です。

　　調査が終了した際には、速やかに「預り証」と引き換えに預けた帳簿書類等の返却を受けますが、後のトラブルを防止するために、「預り証」と現物を突き合わせることを忘れずに行ってください。

④　反面調査（取引先等に対する調査）の実施

　　調査の展開によっては、必要に応じ、取引先等に対する反面調査が行われることがあります。

反面調査を行う場合には、反面調査である旨を取引先等に明示した上で行うこととされています。

⑤　調査の終結に向けて

調査の過程において、申告内容等に関して誤り等が把握された場合には、納税者及び税務代理人は説明を求められることになります。説明の状況等により更正決定等をしなければならない誤り等であるかどうかの検討が行われることになります。

二　調査終了後の手続

①　更正決定等をすべきと認められない旨の通知

調査の結果、誤りがないと認められた場合には、納税者に対して、その税目、課税期間について更正決定等をすべきと認められない旨の通知を書面により行うことになっています。

②　調査結果の内容の説明等

調査の結果、更正決定等をすべきと認められる誤り等がある場合には、納税者に対し、誤り等の内容（税目、課税期間、更正決定等をすべきと認める金額、その理由等）について口頭により説明することとされています。

また、併せて、納付すべき税額及び加算税のほか、納付すべき税額によっては延滞税が生じることについても説明されるとともに、一般的には修正申告の勧奨が行われることになっています。

この説明により、一連の調査手続が終了することになります。

③　修正申告等の勧奨

納税者に対して、更正決定等をすべきと認められる誤り等の内容を説明した場合には、原則として、修正申告又は期限後申告（以下「修正申告等」といいます。）を勧奨することとされています。

なお、修正申告等を行った場合には、不服申立てをすることはできなくなりますので、修正申告書又は期限後申告書の提出に当たっては、よく検討する必要があります。

④　更正又は決定

　修正申告等の勧奨に応じない場合には、税務署長による更正又は決定の処分がなされ、更正又は決定の通知書が送付されます。

　なお、更正又は決定通知書には、「更正又は決定の理由書」が添付されていますから、更正又は決定の根拠等について、よく確認してください。

⑤　再調査請求、審査請求、訴訟

・　再調査請求

　税務署長等が行った更正などの課税処分に不服があるときは、これらの処分を行った税務署長等に対して不服を申し立てることができます。これを「再調査の請求」といい、再調査の請求は、原則として、処分の通知を受けた日の翌日から3か月以内に税務署長等に行います。

・　審査請求

　税務署長等が行った処分に不服があるときは、その処分の取消しや変更を求めて国税不服審判所長に対して不服を申し立てることができます。これを「審査請求」といい、審査請求は、再調査の請求を経ずに行うこと（「直接審査請求」といいます。）ができ、また、再調査の請求に対する税務署長等の判断（決定）になお不服があるときにも行うことができます。

　なお、審査請求は、原則として、再調査の請求を経ずに行う場合には処分の通知を受けた日の翌日から3か月以内に、再調査の請求を経てから行う場合には、税務署長から再調査決定書謄本の送達を受けた日の翌日から1か月以内に行います。

・　訴訟

　国税不服審判所長の判断になお不服がある場合には、裁判所に訴えを提起することができます。この訴えの提起は、原則として、裁決書謄本の送達を受けた日の翌日から6か月以内に行

う必要があります。

⑷　税務調査（同時調査）のスケジュール

　上記⑶のとおり、消費税の調査は原則として所得税又は法人税の調査と同時に行う同時調査が基本とされており、税務調査手続の流れ（イメージ）は次のとおりです。

《税務調査手続の流れ（イメージ）》

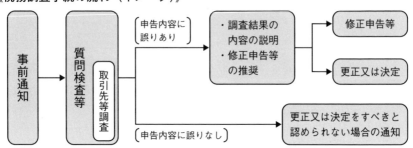

　この税務調査手続のうち、納税者の事業所に臨場しての調査となる質問検査等の調査スケジュール（同時調査におけるモデルケース）は次のとおりです。

　なお、実際の調査日数については、調査先事業者の事業規模や調査の進捗状況によって当然ながら変わってきますので、ご留意ください。

　　イ　個人事業者又は法人（資本金1億円未満）への税務署による調査
　　（約1週間）

　　㈠　概況調査…事業概況、業務形態、取引方法、取引条件、取扱商品、取引先、決済方法、子会社等の状況、帳簿組織などの聴取質

問検査⇒0.5日程度

(ロ) 帳簿調査…概況調査で得た内容の裏付けや会計処理（売上計上もれ、仕入計上時期の誤りなど）がないかを確認するための帳簿書類の確認調査⇒1.5日程度

(ハ) 取引先等調査（反面調査）…必要に応じて銀行や取引事業者に対して行う質問・検査⇒1日程度

※ 不正処理が認められるケースなどでは、(ロ)の帳簿調査から(ハ)の取引先調査等に1週間から2週間を要するケースも出てきます

(ニ) 調査結果のまとめ、内容説明・修正申告の勧奨など…上記(イ)〜(ハ)に基づき、誤りの内容、金額、理由などをとりまとめ、口頭で説明⇒2日程度（このうち臨場しての説明は0.3日程度）

※ 消費税に着目した簡易な調査（還付申告書の確認調査など）の場合などでは1日〜2日で調査が終了する場合もあります。

ロ 資本金が1億円以上の調査部（調査査察部）所管法人への国税局の調査部（調査査察部）による調査（約2週間〜3週間）

(イ) 概況調査…事業概況、業務形態、取引方法、取引条件、取扱商品、取引先、決済方法、子会社等の状況、帳簿組織などの聴取質問検査⇒2日程度

(ロ) 帳簿調査…概況調査で得た内容の裏付けや会計処理（売上計上もれ、仕入計上時期の誤りなど）がないかを確認するための帳簿書類の確認調査⇒7日〜14日程度

(ハ) 取引先等調査（反面調査）…必要に応じて銀行や取引事業者あるいは支店等に対して行う質問・検査⇒2日〜3日程度

※ 事案の内容に応じて、(ロ)の帳簿調査から(ハ)の取引先調査等に1週間から2

週間を要するケースも出てきます。

　㈡　調査結果のまとめ・内容説明・修正申告の勧奨など…上記(イ)〜
　　(ハ)に基づき、誤りの内容、金額、理由などをとりまとめ、口頭で
　　説明⇒3日程度（このうち臨場しての説明は0.5日程度）

　※　大規模な調査部（調査査察部）所管法人については、(イ)の概況調査のみで
　　2週間〜3週間程度を要し、全体の調査期間で3か月程度を要する場合もあ
　　ります。

(5)　加算税

　加算税は、申告納税方式を採用する国税について、法定申告期限まで
に適正に申告義務が履行されない場合に課される附帯税であり、適正に
申告義務を履行しない者に対する一種のペナルティーであるとともに、
申告納税制度を担保する重要な制度となっています。

　したがって、調査等があったことにより修正申告書の提出等があった
場合には、その態様に応じて以下のイ、ロ、ハに掲げる加算税が賦課さ
れることを考慮する必要があります。

（注）地方消費税に係る加算税については、地方税法附則第9条の4第1項及び第
　　2項《譲渡割の賦課徴収の特例等》の規定に基づいて、消費税の加算税賦課の例
　　により、以下の「イ過少申告加算税」、「ロ無申告加算税」又は「ハ重加算税」が
　　課されることになります。

　イ　過少申告加算税

　　　期限内申告書が提出された場合において、修正申告書の提出又は
　　更正があったときに課される加算税で、修正申告又は更正による納
　　付すべき税額に10％の税率（修正申告書の提出が、調査通知を受ける
　　前に更正を予知してされたものでないときは不適用、調査通知を受けた
　　後に更正を予知してされたものでないときは5％の税率）で課されます。

　　　なお、期限内申告税額相当額又は50万円のいずれか多い金額を
　　超える部分がある場合は、その超える部分の金額の5％を加重する

こととされています。

ロ　無申告加算税

　　期限後申告書の提出若しくは決定があった場合、又は期限後申告書の提出若しくは決定があった後に修正申告書の提出若しくは更正があった場合に課される加算税で、期限後申告若しくは修正申告又は決定若しくは更正による納付すべき税額に15％の税率（期限後申告書の提出が、調査通知を受ける前に決定を予知してされたものでないときは5％の税率、調査通知を受けた後に決定を予知してされたものでないときは10％の税率）で課されます。

　　なお、50万円を超える部分がある場合にはその超える部分の金額の5％を加重することとされています。

　　また、調査による期限後申告書の提出等があった場合において、その期限後申告書の提出等があった日の前日から起算して5年前の日までの間に、その申告等に係る国税の属する税目について、調査による無申告加算税又は重加算税を課されたことがある場合は、10％を加重することとされています。

ハ　重加算税

　　過少申告加算税の規定に該当する場合において、納税者がその国税の課税標準等又は税額等の計算の基礎となるべき事実の全部又は一部を隠蔽し、又は仮装し、その隠蔽し、又は仮装したところに基づき納税申告書を提出していたときに課されるもので、過少申告加算税の額の計算の基礎となる税額に35％の税率で課されることとされています。

　　また、無申告加算税の規定に該当する場合において、納税者がその国税の課税標準等又は税額等の計算の基礎となるべき事実の全部又は一部を隠蔽し、又は仮装し、その隠蔽し、又は仮装したところに基づき、法定申告期限までに納税申告書を提出せず、又は法定申告期限後に納税申告書を提出していたときにも課されます。この場

合は、無申告加算税の額の計算の基礎となる税額に40％の税率で課されることとされています。

　なお、調査による期限後申告書若しくは修正申告書の提出又は更正若しくは決定があった場合において、その期限後申告書の提出等があった日の前日から起算して5年前の日までの間に、その申告等に係る国税の属する税目について、調査による無申告加算税又は重加算税を課されたことがある場合は、10％を加重することとされています。

（参考）消費税について重加算税が課されることとなる不正事実の例

① 課税売上げを免税売上げに仮装する。

② 架空の免税売上げを計上し、同額の架空の課税仕入れを計上する。

③ 不課税又は非課税仕入れを課税仕入れに仮装する。

④ 非課税売上げを不課税売上げに仮装し、課税売上割合を引き上げる。

⑤ 簡易課税制度の適用を受けている事業者が、資産の譲渡等の相手方、内容等を仮装し、高いみなし仕入率を適用する。

⑹　消費税調査のチェックポイント

イ　連動非違、固有の非違に係る要チェック項目

　これまでも説明したとおり、消費税の調査は、所得税又は法人税の調査と同時に行うのが基本とされていますから、消費税の調査における誤りは、所得税又は法人税の誤りに連動して生ずるもの（これを「連動非違」といいます。）と所得税又は法人税の誤りとは連動しない消費税固有の誤り（これを「固有の非違」といいます。）に分類されることがあります。

　連動非違につながるチェックポイントは、まさに所得税又は法人

税の調査のチェックポイントが消費税の調査につながるものです。

　一方、固有の非違につながるチェックポイントは、消費税独自の視点、観点から確認していくことが必要になるということになります。

① 連動非違のチェックポイント

　連動非違につながるものは、所得税及び法人税における誤りに連動するということですから、次のようなものが一般的であり、このような視点、観点からチェックしていく必要があります。

> ・売上げの計上漏れ　　・仕入れの過大計上
> ・経費の過大計上　　　・経費の繰上げ計上　など

② 固有の非違のチェックポイント

　消費税の固有の非違は、次のようなものがあげられますが、これらを未然に防止するためにも消費税独自の視点、観点からチェックしていく必要があります。

> ・取引の課否判定誤り　　　・課税売上げの計上時期誤り
> ・非課税の適用誤り　　　　・免税の適用誤り
> ・課税標準額の算定誤り　　・課税仕入れ等の計上時期誤り
> ・課税仕入れ等の用途区分誤り　・仕入控除税額の計算誤り
> ・課税売上割合の算定誤り　・仕入控除税額の調整の誤り
> ・簡易課税制度の適用及び計算誤り
> ・税率引上げ時の経過措置適用誤り　など

　軽減税率制度の下では次のような誤りが想定されます。

> ・税率適用誤り　・一体資産の判定、税率適用誤り　など

ロ 誤りのない消費税処理のための要チェック項目

　消費税に係る非違事例などからみて、次のような点からもチェッ

クしていくことをお勧めします。

① 課税事業者の判定や課税事業者の選択のチェック

　原則として、基準期間の課税売上高が1,000万円超の個人事業者及び法人が課税事業者となりますが、課税事業者に該当するにもかかわらず申告書の提出がなく無申告となっている場合や、逆に設備投資を行ったため還付申告を行おうとした場合に、課税事業者に該当していなければ申告書を提出できないといったこともあります。

　また、「消費税課税事業者選択届出書」の提出状況も確認しておく必要があります。基準期間の課税売上高が1,000万円以下となったため申告義務がないと判断していたところ、過去に届出書を提出していたために、無申告の指摘を受けるということもよくあります。

② 課税売上高のチェック

　消費税では、納税義務の判定、課税標準額の算定、課税売上割合の算定など、課税売上高の算定が基本になりますので、取引の課否判定はもちろんのこと、資産の譲渡等の時期の特定や対価の額として算入すべき金額の決定など、注意すべき点は多数あります。

　税務調査においても課税売上高の算定に関して、取引を課税売上げ、非課税売上げ、免税売上げ、不課税売上げに区分することなど課否判定に誤りがないか、課税取引をもとに課税売上高が適正に集計されているかといったことは、調査の基本になると思われます。

③ 仕入税額控除のチェック

・ 一般課税

　仕入税額控除も消費税計算の基本です。非課税仕入れ、免税仕入れや不課税仕入れに該当するものを課税仕入れとするなど

仕入税額控除の対象としていないか、課税仕入れの時期は適正かなどがやはり調査の中心になります。

　給与、外注費、手数料、会費、交際費、旅費交通費等に係る課税仕入れに誤りが多く見られますので要チェックです。

　また、課税売上高が5億円を超えた課税期間、又は課税売上割合が95％未満である課税期間においては、課税仕入等に係る消費税額が全額控除できなくなり、仕入税額控除の計算が複雑化するため、計算誤りなどに注意する必要があります。

・　簡易課税制度

　簡易課税制度については、基準期間の課税売上高が5,000万円以下であるか、「簡易課税制度選択届出書」を提出しているかなど簡易課税制度の適用を受けることに問題がないか確認しておく必要があります。

　特に、「簡易課税制度選択届出書」は前課税期間の末日までに提出する必要がありますので、提出時期に問題がないか。逆に、簡易課税制度の適用を受けていた事業者において設備投資等が予定されている場合には、還付を受ける申告書の提出ができるようするために、前課税期間の末日までに「簡易課税制度選択不適用届出書」を提出することも考慮する必要があります。

　また、みなし仕入率は事業の区分ごとに適用されますので、事業区分が適正になされているかどうかも要確認事項となります。

④　所得税又は法人税の決算等とのチェック

　消費税は同時調査が基本ということですから、所得税又は法人税の決算等からの確認も有効だと考えられます。特に、イレギュラーな取引や決算調整により計上された取引などが消費税の計算に反映されずに漏れが指摘されることがよくありますので、相互にチェックすることが重要です。

⑺　誤りやすい消費税固有の非違とそのチェックポイント

　　誤りが多いと思われる消費税の固有の非違事例について、別表「誤りやすい消費税固有の非違チェックリスト」に整理していますので、誤りの防止のためのチェック事項として活用してください。

誤りやすい消費税固有の非違チェックリスト

誤りやすい消費税固有の非違	
具体的な事例	チェックポイント
課否判定誤り	
・　事業用建物を譲渡したが、売却損となったため、その譲渡対価を課税売上げとして処理しなかった。	□　固定資産譲渡損益、雑収入・雑損失などの内訳に課税対象となる資産の異動がないか。
・　事業用の車両の買い替えに際して、下取りとして譲渡した中古車両について課税売上げの処理をしなかった。	□　車両勘定の異動について処理に誤りがないか。
・　解約事務手続の対価と認められる解約手数料を、損害賠償金と同様として不課税取引として処理した。	□　解約手数料、解約損害金などについて、その消費税の課否の区分に誤りがないか。
・　居住用アパートの貸主が、借主が退去する際に受領した原状回復費を非課税となる家賃と同様に取り扱って、課税売上げとしていなかった。	□　収入の基となる取引の消費税の課否の区分に誤りがないか。
・　ゴルフ会員権の譲渡は債権の譲渡であるため、非課税として処理した。	□　ゴルフ会員権等譲渡する資産の消費税の課否の区分に誤りがないか。
・　給与等（不課税）を外注費として課税仕入れとした。	□　出向や派遣に係る人件費等の消費税の課否の区分に誤りがないか。
・　クレジット手数料を課税仕入れとしていた。	□　クレジット手数料や加盟店手数料の消費税の課否の区分に誤りがないか。

内外判定の誤り	
・　国外取引に係る支払を課税仕入れとした。	□　取引ごとに内外判定基準に照らして資産の譲渡等の場所の判断に誤りがないか。
・　国外において受けた役務の提供（コンサルティング、技術支援など）（国外取引）を誤って課税仕入れに含めて処理した。	□　役務の提供地を的確に把握し、内外判定基準に照らして資産の譲渡等の場所の判断に誤りがないか。
・　外国法人の国内の支店、出張所等を経由して行った役務提供（国内取引となり、免税の適用はない）を免税売上げとした。	□　契約関係を明確にするとともに、役務の提供先などの事実関係に誤りがないか。
・　海外旅行に係る旅行代理店手数料（国内での役務の提供の対価）を不課税収入と誤認し、課税売上げに該当しないとして処理した。	□　取引の内容を的確に把握し、内外判定基準に照らして資産の譲渡等の場所の判断に誤りがないか。
・　国際便に係る航空券の発券手数料（国内での役務の提供の対価）を不課税として処理した。	□　取引の内容を的確に把握し、内外判定基準に照らして資産の譲渡等の場所の判断に誤りがないか。

納税義務者の判定誤り	
・　基準期間（あるいは特定期間）の課税売上高が1,000万円を超えたため課税事業者となったが、無申告となっていた。	□　確定申告後には翌課税期間の納税義務の有無や簡易課税制度の適用関係などを確認し、必要な手続等をとっているか。
・　基準期間が免税事業者であった場合の課税売上高の計算に当たって、税抜き計算を行って課税事業者の判定を行った。	□　免税事業者であった課税期間の課税売上高の算定に当たって税抜き計算を行っていないか。
・　ジョイントベンチャーから共同事業に係る利益の分配金を受領したが、その分配金のみを課税対象として処理し、ジョイントベンチャーの課税資産の譲渡等の対価のうち、分配割合等に相当する金額を課税売上げに計上していなかった。	□　共同事業に係る課税売上げ及び課税仕入れについて的確に消費税計算に反映されているか。

非課税の適用誤り

・　オフィスビルの賃貸借において敷地部分の賃料を区分し、非課税売上げとして処理した。	□　建物の賃貸借は、土地部分に相当する賃貸料を区分したとしても賃貸料全額が建物の貸付けの対価となる。消費税の課否の区分に誤りがないか。
・　貸付期間が1か月に満たない土地の貸付けを非課税と誤認して、課税売上げに計上していない。	□　貸付期間が1か月に満たない土地の貸付けを非課税として処理していないか。なお、貸付期間は、土地の貸付けに係る契約において定められた貸付期間によって判定しているか。
・　土地の譲渡及び貸付けは非課税であるため、これに係る仲介手数料も非課税であると誤認して処理した。	□　課税資産の譲渡等に該当する土地等の譲渡又は貸付けに係る仲介料を非課税として処理していないか。
・　ゴルフ会員権の譲渡は債権の譲渡であると誤認し、非課税として処理した。	□　課税の対象となるゴルフ会員権の譲渡を非課税として処理していないか。
・　輸入貨物に係る船荷証券の譲渡を行った場合に、船荷証券の譲渡を有価証券の譲渡として非課税売上げの処理をした。	□　船荷証券に表彰されている貨物の譲渡として取り扱われる船荷証券の譲渡を非課税として処理していないか。また、原則として、その船荷証券の譲渡が行われる時において貨物が現実に所在している場所により国内取引に該当するかどうかを判定しているか。

免税の適用誤り

・　外国法人の国内の支店、出張所等を経由して行った役務提供（国内取引で、免税の適用はない）を免税売上げとした。	□　原則として、支店又は出張所等を国内に有する外国法人に対する役務の提供は免税の適用はないが、免税として処理していないか。
・　輸出用製品の下請加工賃について、免税売上げとした。	□　輸出用製品の加工であっても、国内における加工に係る役務の提供は免税の対象とならないが、免税として処理していないか。

・　輸出物品販売場でのブローカー等への売上げについて、免税売上げとした。	□　輸出物品販売場における免税の対象とならない事業用の資産の譲渡を免税の対象としていないか。

課税標準額の算定等の誤り

・　法人がその役員に対して資産を贈与したにもかかわらず、時価により消費税を課税していなかった。	□　法人の役員に対する資産の贈与は、時価による資産の譲渡とみなされるが、処理に誤りがないか。
・　法人が資産を役員に譲渡した場合で、その譲渡の対価の額が著しく低い（おおむね時価の50％未満）ときに、時価により課税していなかった。	□　法人の役員に対する著しく低い価格で資産を譲渡した場合は、原則として、時価がその対価の額とされるが、処理に誤りがないか。
・　土地建物の一括譲渡に係る建物の譲渡対価の算定を誤り、課税標準額が過少となった。	□　消費税法施行令45条3項、消費税法基本通達10-1-5によって処理しているか。
・　課税売上げと課税仕入れを相殺したことにより、課税標準額が過少になっていた。	□　相殺した場合においても、消費税の計算においてそれぞれ課税売上げ、課税仕入れに計上して計算する必要があるが、処理に誤りがないか。
・　特別徴収義務者でない石油製品販売業者が、課税標準から軽油引取税相当額を差し引いていた。	□　特別徴収義務者でない石油販売業者及び特別徴収義務者と委託販売契約を締結していない石油販売業者は、軽油引取税相当額についても課税標準額に含める必要があるが、処理に誤りがないか。
・　下請先に原材料を有償支給した場合に、原材料に係る譲渡対価を課税売上高に計上していない。	□　下請先に対する原材料の有償支給は、原材料の譲渡であるから、課税資産の譲渡等に該当するが、処理に誤りがないか。
・　固定資産等を売却して未経過固定資産税等を収受した場合に、課税売上高に含めていない。	□　固定資産等の譲渡に係る未経過固定資産税の精算額は、対価の額に含める必要があるが、処理に誤りがないか。
・　団体保険等の集金事務手数料を保険会社への保険料の支払と相殺したため、結果として集金	□　集金事務手数料は、役務の提供の対価に該当することから、消費税の計算において相殺する

事務手数料について課税売上げの計上漏れとなった。 ・　フランチャイズ加盟店において、本部で加盟店の収支計算を行っている場合に、課税売上高の算定に当たって課税売上金額全額を計上すべきところ、フランチャイズ手数料を控除した正味の金額で処理した。	ことはできないが、処理に誤りがないか。 ☐　フランチャイズ手数料は、システム利用、経営指導や商標使用等の対価に該当し、課税仕入れとなり、課税売上げと相殺することはできないが、処理に誤りがないか。

課税仕入れ等の課否判定誤り

・　給与等（不課税）を外注費として課税仕入れとした。	☐　給与等は課税仕入れから除かれているが、処理に誤りがないか。
・　出向を受け、出向元に支払った給与負担金（不課税）を課税仕入れとした。	☐　出向元に支払う給与負担金は、給与等の取扱いになるが、処理に誤りがないか。
・　クレジットの加盟店手数料（非課税）を課税仕入れとしていた。	☐　クレジットカード会社に支払う加盟店手数料は、金銭債権の譲受けの対価として非課税となるが、処理に誤りがないか。
・　借上げ社宅の支払家賃（非課税仕入れ）を課税仕入れとした。	☐　借り上げ社宅の貸主に対する家賃は、住宅の貸付けの対価として非課税となるが、処理に誤りがないか。
・　国外取引に係る支払（国外取引）を課税仕入れとした。	☐　国外取引に係る支払は不課税支出であり、課税仕入れに該当しないが、処理に誤りがないか。
・　海外出張（国外分）のために支給する旅費、宿泊費及び日当を課税仕入れとした。	☐　海外出張に要する旅費、宿泊費等は、免税又は国外取引に係る不課税支出に該当するため、課税仕入れに該当しないが、処理に誤りがないか。
・　軽油の購入について、軽油引取税分を含めて課税仕入れとした。	☐　特別徴収義務者である石油販売業者又は特別徴収義務者と委託販売契約を締結している石油販売業者から購入した軽油に係る軽油引取税は課税仕入れに該当しないが、処理に誤りがないか。
・　使途不明の交際費（不課税仕	☐　精算できない渡し切りの交際

入れ）を課税仕入れとした。	費は、仕入税額控除の対象とすることができないが、処理に誤りがないか。
・ 御祝金や寄附金（不課税）を課税仕入れとした。	☐ 御祝金や寄附金は課税仕入れに該当しないが、処理に誤りがないか。
・ ジョイントベンチャーが発行した工事代金精算書の工事原価に、給与に該当するものが含まれていたが、工事原価の全額を課税仕入れとして処理した。	☐ JV の行った取引は、すべて構成員である組合員に帰属するが、工事原価に含まれる非課税・不課税仕入れの処理に誤りがないか。
・ 広告宣伝用のプリペイドカードの購入費用（非課税仕入れ）を仕入税額控除の対象として処理した。	☐ プリペイドカードの購入は、一般に非課税仕入れであり、課税仕入れに該当しないが、処理に誤りがないか。
・ 国際運送に係る運送料や輸出のための外国貨物の保管料等を仕入税額控除の対象として処理した。	☐ 国際運送に係る運送料や輸出のための外国貨物の保管料等は、免税仕入れであり、課税仕入れに該当しないが、処理に誤りがないか。
・ ゴルフ場に支払った費用のうち、ゴルフ場利用税についても仕入税額控除の対象として処理した。	☐ ゴルフ場利用税の支払は、税そのものの支払であり、課税仕入れに該当しないが、処理に誤りがないか。

仕入税額控除の要件に係る誤り

・ 仕入税額控除のための「帳簿及び請求書等の保存」の要件を満たしていない。	☐ 個々の課税仕入れ等について、帳簿及び請求書等の保存等の仕入税額控除の要件を満たしているか。
・ 仮名取引など請求書等の記載要件を満たしていない。	☐ 個々の課税仕入れ等について、帳簿及び請求書等の記載事項の要件を満たしているか。

仕入控除税額の計算誤り

・ 課税売上高が5億円を超えている事業年度又は課税売上割合が95％未満である事業年度においては、課税仕入等に係る消費税額は全額控除とならないにもかかわらず、全額控除してい	☐ 仕入税額控除の計算の適用関係に誤りがないか。

た。 ・　取引先から支払を受けた販売奨励金等を、仕入れに係る対価の返還としていなかった。	☐　仕入先から支払われる販売奨励金は、一般に仕入対価の返還として処理することとされているが、処理に誤りがないか。

課税仕入れ等の計上時期誤り

・　未完成の建物建設において、支払った手付金、中間金等を仕入税額控除の対象とした。	☐　建物については、完成引渡しを受けた時が課税仕入れの時となるが、処理に誤りがないか。

個別対応方式の用途区分誤り

・　個別対応方式の用途区分を誤っていた。 ・　課税仕入れ等の用途区分は3区分が必要であるが、課税売上げ用を区分した残りをすべて課税売上げ・非課税売上げ共通用として処理した。 ・　土地を譲渡する際の仲介手数料の用途区分を課税売上げに要するものとして処理した。	☐　課税仕入れ等の用途区分に誤りがないか。 ☐　用途区分については、3区分に誤りなく区分しているか。 ☐　土地を譲渡する際の仲介手数料の用途区分は非課税売上用であるが、処理に誤りがないか。

課税売上割合の算定誤り

・　課税売上割合の計算に当たって、非課税売上げの算入が漏れて課税売上割合が過大となっていた。 ・　有価証券や債権の譲渡金額の5％相当額を、課税売上割合の分母に含めていなかった。	☐　消費税の計算に当たって、取引の区分に誤りがないか、非課税売上げを課税売上割合の分母に算入しているか。 ☐　課税売上割合の計算に当たって、調整して算入する非課税売上げ等に誤りがないか。

仕入控除税額の調整誤り

・　調整対象固定資産について、課税売上割合が著しく変動した場合の仕入控除税額の調整を行っていない。 ・　調整対象固定資産の課税業務用から非課税業務用に転用した場合の仕入控除税額の調整を行っていない。 ・　調整対象固定資産の非課税業	☐　仕入控除税額の調整について、適用漏れや適用誤りがないか。

務用から課税業務用に転用した場合の仕入控除税額の調整を行っていない。 ・ 翌課税期間に免税事業者となる場合の期末棚卸資産に係る消費税額の調整漏れ。	
簡易課税制度関係の誤り	
・ 事業区分の判定を誤った。	□ 事業区分の判定に誤りがないか。
・ 事業区分に対して適用するみなし仕入れ率を誤った。	□ みなし仕入れ率の適用関係に誤りがないか。
・ 事業用の固定資産の譲渡を第4種事業として処理しなかった。	□ 事業用固定資産の譲渡を第4種事業に区分しているか。
・ 製造業者が、加工賃等を対価とする役務の提供を行った場合に第4種事業として処理しなかった。	□ 加工賃を対価とする役務の提供を第4種事業に区分しているか。
・ 小売業でも製造した商品を直接消費者に販売するいわゆる製造小売業に係るものは第3種事業に該当するが、同事業として処理しなかった。	□ 製造小売業を第3種事業に区分しているか。
・ 第3種事業に該当する建設業、製造業の事業で生じた加工くず、副産物等の譲渡は第3種事業に該当するが、同事業として処理しなかった。	□ 第3種事業の建設業、製造業等の事業から生じた加工くず、副産物等の譲渡は第3種事業に区分しているか。
売上げに係る対価の返還等をした場合の消費税の控除の誤り	
・ 免税事業者の期間における売上げに係る対価の返還について、対価の返還等に係る消費税額の控除をした。	□ 免税事業者の期間の売上げに係る対価の返還等については、控除の対象にならないが、処理に誤りがないか。
・ 販売促進の目的で支払う販売奨励金を売上げに係る対価の返還等とすべきところ課税仕入れとして仕入税額控除の対象とした。	□ 一般に販売奨励金は売上げに係る対価の返還等に該当するが、処理に誤りがないか。

貸倒れに係る消費税額の控除の誤り	
・　免税事業者の期間における売掛金の貸倒れについて、貸倒れに係る消費税額の控除をした。	□　免税事業者の期間の売掛金の貸倒れについては、控除の対象にならないが、処理に誤りがないか。
・　貸付金債権など課税資産の譲渡等の対価に係る債権以外の債権の貸倒れを控除した。	□　貸倒れとなった債権の内容を確認し、その内容に応じた処理となっているか。
国、地方公共団体等の特例に関する誤り	
・　公益財団法人において補助金収入があるにもかかわらず、特定収入に係る調整計算がされていなかった。	□　特定収入に係る仕入控除税額の調整が必要な法人については、特定収入の区分や調整計算に誤りがないか。
税率引上げ時の誤り	
・　施行日以後の資産の譲渡等を施行前の資産の譲渡等として処理し、旧税率の課税売上げとした。	□　資産の譲渡等の時期の判定に誤りがないか。
・　契約日や資産の譲渡等の時期などの適用要件を充たしていない取引について経過措置適用対象取引として旧税率を適用した。	□　経過措置の適用要件を満たしているか。
・　施行日前の課税仕入れを施行日以後の課税仕入れとして処理し、新税率の仕入税額控除を受けた。	□　課税仕入れの時期の判定に誤りがないか。
・　旧税率が適用された課税売上げに係る施行日以後の対価の返還等を新税率により対価の返還等に係る消費税額の控除を受けた。	□　対価の返還等の元となった課税売上げの時期に誤りがないか。
・　旧税率が適用された課税売上げに係る売掛金について、施行日以後に貸倒れとなった場合に新税率により貸倒れに係る消費税額の控除を受けた。	□　貸倒れに係る消費税額の控除の元となった課税売上げの時期に誤りがないか。
・　旧税率（8 ％、消費税率 6.3 ％）で仕入れた飲食料品を令和元年 10 月 1 日以後返品し、対	□　旧税率が適用になったものの対価の返還等を受けた場合の仕入税額控除の調整に当たって、

価の返還を受けた場合に、軽減税率（8％、消費税率6.24％）で仕入控除税額を調整した。	適用税率に誤りがないか。

軽減税率制度において想定される誤り

・　飲食設備もある飲食料品の小売店で、店内飲食に係る課税売上げ（標準税率適用）に軽減税率を適用するなど適用税率を誤った。 ・　軽減税率の適用対象とならないケータリングに該当する食事の提供（標準税率適用）に、軽減税率を適用した。 ・　別料金となっている飲食料品の容器、保冷剤や送料（標準税率適用）に軽減税率を適用した。 ・　飲食料品の委託販売に係る委託販売手数料（標準税率適用）に軽減税率を適用した。	☐　課税資産の譲渡等ごとの適用税率に誤りがないか。
・　飲食料品と取り扱われる一体資産の要件を充たしていないもの（標準税率適用）に、軽減税率を適用した。	☐　一体資産の要件を確認し、適用税率に誤りがないか。
・　有料老人ホーム等の飲食料品の提供、義務教育諸学校の学校給食は軽減税率が適用されるが、外部の業者が施設の設置者との間の調理受託業務は軽減税率の適用とならないが、これに軽減税率を適用した。	☐　業務委託に係る委託料は役務の提供の対価であり、軽減税率の適用はないが、適用税率を誤っていないか。

第 3 章

消費税調査
における
指摘事例と
その対応

（課否判定・課税の範囲に関する誤り）

事例1　役員に無償で社宅を譲渡した場合

　当社では、役員が使用していた社宅をその役員に無償で譲渡することとなりました。無償による譲渡であったことから、消費税の計算に影響はないと考えていたため、特に消費税に関する処理は行っていませんでした。ところが、税務調査において次のような指摘を受けました。どのような取扱いになっているのでしょうか。

● 指摘された問題点

　法人が役員に対して無償で資産を譲渡した場合は、時価による資産の譲渡があったものとみなされることから、建物の時価相当額を課税売上げに計上する必要があります。

　また、課税売上割合の算定に当たっても、建物については分母の金額及び分子の金額に算入するとともに、非課税となる土地の贈与については分母の金額に、それぞれ時価相当額を算入する必要があります。

● アドバイス

　法人が役員に対して資産を贈与した場合は、時価による資産の譲渡があったものとみなされますから、課税対象となる建物の贈与については課税売上げに、非課税となる土地については非課税売上げにそれぞれ時価に相当する金額を算入する必要があり、これにより、課税標準額及び課税売上割合等の計算を行うことになります。

● 解説

1　役員に対する資産の無償譲渡等

　消費税の課税の対象は、事業者が事業として対価を得て行う資産の譲渡等であり、無償で行う資産の譲渡等は、原則として、課税の対象とされていません。また、課税資産の譲渡等に係る課税標準は、原則として、取引当事者間で授受することとした対価の額になります（法28①）。この特例として、法人の役員に対する資産の贈与及び資産の低額譲渡の場合には、時価による資産の譲渡があったものとみなして消費税の課税の対象とすることとされています（法4⑤二、28①ただし書、28③二）。

2　課税売上割合の計算におけるみなし規定の適用関係

　法人が資産を役員に譲渡した場合において、その対価の額が時価に比して著しく低額である場合に、課税売上割合の分母である「資産の譲渡等の対価の額の合計額」に算入する金額はどの金額によることになるのか疑問が生じます。

　課税売上割合については、消費税法第30条第6項において「当該事業者が当該課税期間中に国内において行った資産の譲渡等の対価の額の合計額のうちに当該事業者が当該課税期間中において行った課税資産の譲渡等の対価の額の合計額の占める割合として政令で定めるところにより計算した割合」と規定されています。

　ここでいう「対価の額」は、消費税法第28条第1項に規定する対価の額をいうとされており、同項では、「対価の額」は、「対価の額として収受し、又は収受すべき一切の金銭又は金銭以外のもの若しくは権利その他経済的な利益の額」とされ、また、「法人が資産をその役員に譲渡した場合において、その対価の額が当該譲渡の時における当該資産の価額に比し著しく低いときは、その価額に相当する金額をその対価の額とみなす」と規定されていることから、法人が資産をその役員に譲渡した

場合には、その資産の時価に相当する金額が課税売上割合の計算の際に用いる資産の譲渡等の対価の額になります。

　また、同法第 28 条第 3 項に規定する個人事業者の自家消費及び法人の役員への贈与についても資産の価額に相当する金額をその対価の額とみなすこととされており、同様の取扱いとなります。

　したがって、法人が役員に資産を無償で譲渡した場合、つまり贈与した場合は、課税売上割合の計算においても、資産の時価に相当する金額を資産の譲渡の対価として同割合の計算に用いることになります。

3　事例の対応

　上記のとおり、法人がその役員に対し無償で資産の譲渡を行った場合、つまり資産を贈与した場合は、時価による資産の譲渡があったものとみなされることとされていますから、課税対象となる建物の贈与については、建物の時価相当額を課税売上げに計上する必要があります。

　また、課税売上割合の算定に当たっても、建物の贈与については、建物の時価相当額を資産の譲渡等に係る対価の額の合計額（分母の金額）及び課税資産の譲渡等の対価の額の合計額（分子の金額）に算入するとともに、非課税となる土地の贈与については、土地の時価相当額を資産の譲渡等に係る対価の額の合計額（分母の金額）に算入することになります。

事例2　役員に無償で社宅を貸し付けた場合

役員に無償で社宅を貸し付けていましたが、従業員からは家賃を受領していることから、課税売上割合の計算に当たって、従業員の家賃と同額の家賃相当額を課税売上割合の分母に非課税売上げとして加算する処理をしていたところ、そのような処理は必要ないとの指摘を受けましたが、どのような取扱いになりますか。

● 指摘された問題点

役員に対する無償による資産の貸付けについては、役員に対する資産の無償譲渡の場合のようなその譲渡の時における価額に相当する金額で譲渡したものとするみなし規定がありませんから、家賃相当額を非課税売上げに計上する必要はありません。

● アドバイス

役員に対する無償貸付けについては、その時における適正な価額によって貸し付けたものとするというようなみなし規定はありませんから、非課税売上げを計上する必要はありません。また、役員に対する無償の役務の提供についても同様に非課税売上げを認識する必要はありません。

なお、例えば、役員に対して土地の低額譲渡や無償の譲渡を行った場合には、時価による非課税売上げの計上が必要となりますので注意を要します。

● 解説

1　役員に対する資産の無償譲渡等

消費税の課税の対象は、事業者が事業として対価を得て行う資産の譲渡等であり、無償で行う資産の譲渡等は、原則として、課税の対象とさ

れていません。また、課税資産の譲渡等に係る課税標準は、原則とし
て、取引当事者間で授受することとした対価の額ということになります
（法28①）。

　この特例として、法人の役員に対する資産の贈与及び資産の低額譲渡
の場合には、時価による資産の譲渡があったものとみなして消費税の課
税の対象とすることとされています（法4⑤二、28①ただし書、28③二）。

　一方で、法人の役員に対する資産の無償貸付け又は無償による役務の
提供については、これを時価による資産の貸付けや役務の提供とみなす
規定は設けられていないことから、原則どおり消費税の課税の対象とは
ならないということになります（基通5-3-5）。

2　事例の対応

　上記のとおり、法人がその役員に対し無償で行った資産の貸付け又は
役務の提供については、法人が役員に対し、無償（又は著しく低額）で
資産の譲渡を行った場合のようなみなし規定がありません。

　したがって、課税売上割合の算定に当たっても、無償での役員に対す
る社宅の貸付けについては、非課税売上げを計上する必要がありません
から、消費税についての処理を考慮する必要はないことになります。

事例3　未経過固定資産税の取扱い

　土地、建物を一括譲渡しましたが、土地と建物のそれぞれの対価の額について、合理的に区分し、建物部分については課税対象として処理しました。また、これとは別に相手方と固定資産税の精算を行うこととなり、未経過分を買主から受領しましたが、この未経過固定資産税の清算は、税金を清算するものであることから、消費税の課税対象外の取引であると判断して処理していました。

　ところが、税務調査において、指摘を受けてしまいました。どのような処理が必要だったのでしょうか。

● 指摘された問題点

　未経過固定資産税の清算は、資産の譲渡等に伴って授受されるものであり、税そのものの納付を行うものではないため、資産の譲渡等の対価の額に含める必要があります。

● アドバイス

　未経過固定資産税相当額については、土地、建物の譲渡に伴う対価の上乗せ部分として処理し、さらに建物に係る部分は課税売上げとして、土地に係る部分は非課税売上げとして処理する必要があります。

● 解説

1　国内取引の課税標準

　国内取引のうち、課税資産の譲渡等に係る消費税の課税標準は、課税資産の譲渡等の対価の額であり、この「課税資産の譲渡等の対価の額」とは、「対価として収受し、又は収受すべき一切の金銭又は金銭以外の物若しくは権利その他経済的な利益の額とし、課税資産の譲渡等につき課されるべき消費税及び地方消費税に相当する額は含まないもの」とさ

れています（法28①本文）。

　この場合の「収受すべき」とは、別に定めるものを除き、その課税資産の譲渡等を行った場合のその課税資産等の価額をいうのではなく、その譲渡等に係る当事者間で授受することとした対価の額をいい（基通10-1-1）、「金銭以外の物若しくは権利その他経済的な利益」とは、例えば、課税資産の譲渡等につき、物、権利又はサービスの供給を受け、若しくは債務の免除を受ける場合のように、実質的に資産の譲渡等の対価を受け取ったのと同様の経済的効果をもたらすものをいい、この経済的利益の評価は、時価によることとなります（令45①、基通10-1-3）。

2　未経過固定資産税の取扱い

　土地、建物等の不動産の取引に当たっては、前所有者が負担した固定資産税の課税対象期間のうち未経過期間に対応する金額（通常は月割計算が行われます。）を新たな所有者（購入者）が前所有者に建物等の仕入代金とは別に支払うこととし、前所有者から新たな所有者に対して建物等の譲渡代金とは別にこれを請求する場合があります。

　これは、固定資産税は1月1日現在の課税台帳に登録されている所有者に対して毎年課されることとされていることから、中古の建物を年の中途で取得した者が固定資産税の納税義務者として課税されるまでの間は、実質的には前所有者の負担により固定資産を所有し、又は使用することができることとなるため、その経済的利益部分を取引当事者で精算するものと考えられます。この固定資産税等の未経過期間に対応する精算金額については、その授受の基となるものが税金であることから、その金額を課税資産の譲渡の対価の額に含めるのかどうか疑問が生ずるところです。

　前述のとおり、固定資産税は賦課期日である1月1日の所有者に対して課すものであり、建物等を譲り受けた者は固定資産税の未経過分を税として納付するものではないことから、未経過分の授受は未経過期間に

おいて、固定資産税の負担なしに所有又は使用することができることとなる建物等の購入代金の一部として支払うものと整理せざるを得ないものです。したがって、固定資産税等の未経過期間に対応する金額は建物等の課税資産の譲渡の対価の額に含まれることとなります（基通10-1-6）。

3　事例の対応

　上記のとおり、資産の譲渡に伴い、その資産に対して課された固定資産税について譲渡の時において未経過分がある場合で、その未経過分に相当する金額をその資産の譲渡について収受する金額とは別に収受している場合であっても、未経過分に相当する金額はその資産の譲渡の対価の額に含まれることになります。

　したがって、建物の譲渡に係る未経過固定資産税に相当する金額は、課税売上げとして計上することになります。

〔参考〕

　同様に、中古車販売の際に授受される「未経過自動車税」や「未経過自賠責保険料」についても中古車の譲渡代金の一部となります。

　なお、土地の譲渡に係る固定資産税等の未経過分に相当する金額は、やはり非課税売上げに含める必要があります。したがって、課税売上割合を計算する際には、分母の金額である資産の譲渡等の対価の額の合計額に含める必要がありますので注意を要します。

事例4　資産の交換の取扱い

当社の駐車場用地として近隣のＡ社所有の土地を取得するため、Ａ社と交渉していたところ、当社が所有する遊休地と等価で交換することとなりました。

当社の消費税の処理としては、Ａ社との間において金銭の授受がなかったため、土地の無償譲渡として不課税取引として処理しました。

ところが、税務調査において、当社の遊休地の価額相当額を非課税売上げとして計上する必要があるとの指摘を受けましたが、どのような取扱いとなっているのでしょうか。

● 指摘された問題点

事業者が資産の交換を行った場合、交換による資産の移転は、消費税法上、資産の譲渡として取り扱われますから、不課税取引となることはありません。また、土地の譲渡は非課税とされていますから、貴社の遊休地の譲渡について、非課税売上げとする必要があります。

● アドバイス

この土地の交換については、土地の譲渡として非課税売上げに計上するとともに、仕入税額控除における課税売上割合の計算において、その対価の全額を分母に算入することが必要でした。なお、対価の額は、原則として時価ということになりますが、その交換取引が正常なものであると認められる場合には、交換による譲渡の対価の額は、当事者間において合意された金額を交換に係る資産の対価の額として取り扱うことができます。

● **解説**

1　交換の取扱い

　消費税は、事業として対価を得て行われる資産の譲渡、資産の貸付け及び役務の提供を課税の対象としていますが、このうち「資産の譲渡」とは、「資産につきその同一性を保持しつつ、他人に移転させること」をいうとされています。

　資産の交換が資産の譲渡に該当するかどうか若干の疑義が生ずるところですが、交換についても「資産につきその同一性を保持しつつ、他人に移転させること」に変わりがなく、消費税法基本通達 5-2-1《資産の譲渡の意義》において、資産の交換は資産の譲渡に該当することが明らかにされています。

　また、資産の交換に係る対価の額は、その交換により取得する資産の取得の時における価額とされ、その交換により譲渡する資産の価額と取得する資産の価額との差額を補うための金銭を取得する場合には、その取得する金銭の額を加算した金額とし、その差額を補うための金銭を支払う場合には、その支払う金銭の額を控除した金額とすることとされています（令 45 ②四）。

　しかしながら、その時価評価には困難を伴うこともあることから、消費税法基本通達 10-1-8《交換資産の時価》において、その交換取引が正常なものであると認められる場合には、当事者間において合意された金額を交換に係る資産の対価の額として取り扱うこととされています。

2　事例の対応

　上記１のとおり、事業者が行った資産の交換は、資産の譲渡に該当しますから、不課税取引に該当することはありません。

　なお、土地の譲渡は非課税売上げとなりますから消費税は課されませんが、仕入税額控除における課税売上割合の計算においては、非課税売上げは資産の譲渡等の対価としてその全額を分母に算入することとなり

ます。

　その際の土地の交換による譲渡の対価の額は、その交換取引が正常なものであると認められる場合には、当事者間において合意された金額が交換に係る資産の対価の額として取り扱われます。

（注）事例においては、等価交換ということですが、交換差金の授受がある場合には、その対価の額は、取得する資産の価額との差額を補うための金銭を取得する場合には、その取得する金銭の額を加算した金額とし、その差額を補うための金銭を支払う場合には、その支払う金銭の額を控除した金額とすることとされていますので注意を要します。

| 事例5 | 金銭の貸付けにおいて利息とみなされる事務手数料の取扱い |

　金融業を営む事業者が顧客と金銭消費貸借契約を締結する際に、利息のほかに事務手数料として貸付金額の1％相当額を受領しています。

　事務手数料は、利息制限法第3条《みなし利息》の規定により利息とみなされているため、消費税の取扱いにおいても貸付金の利息として非課税売上げの処理をしていましたが、課税対象になるとの指摘を受けました。どのような取扱いとなりますか。

● **指摘された問題点**

　利息制限法の規定にかかわらず、事務手数料として受領している金銭ですから、役務提供の対価として課税対象となります。

● **アドバイス**

　利息制限法の目的を実現する範囲においては、この事務手数料も利息とみなされているということであって、契約当事者間においては契約締結のための事務手数料とされているものであることから、この事務手数料は役務の提供に係る対価として課税対象取引の処理をする必要があります。

● **解説**

1　利息制限法のみなし利息

　利息制限法第3条には、「・・・金銭を目的とする消費貸借に関し債権者の受ける元本以外の金銭は、礼金、割引金、手数料、調査料その他いかなる名義をもってするかを問わず、利息とみなす。・・・」と規定されており、債権者が受ける元本以外の金銭を、すべて利息とみなすこととされています（みなし利息）。みなし利息とされる金銭は、利息とみなされますので、当然、利息制限法の制限金利の適用を受けること

されています。つまり、利息制限法上は、元本以外の金銭は、すべて利息として取り扱われているということになります。

　しかしながら、このみなし利息については、暴利や貸主による搾取から消費者を保護するために、金銭消費貸借における利息や遅延損害金の利率を一定限度に制限するという利息制限法の目的の範囲内で利息とみなされるものです。

　したがって、利息制限法上、利息とみなされるからといって、消費税法においても利息として取り扱うということにはならず、みなし利息とされる事務手数料が何に対する対価なのかを判定し、その課否を判断することになります。

2　事例の対応

　上記1のとおり、事務手数料が利息制限法上、貸付金の利息とみなされるとしても、当事者間において、金銭消費貸借の契約を締結するための役務の提供の対価として授受されるものであれば、消費税法上、金銭の貸付けの対価としての「利子」に該当することにはならず、役務の提供の対価として課税の対象となります（法6、別表1三）。

　したがって、受領する事務手数料を課税売上高に加算することとなり、また、仕入控除税額の計算における課税売上割合の分母及び分子の双方に加える必要があります。

事例6　ゴルフ場の予約キャンセル料

当社が利用しているゴルフ場では、ゴルフ場の利用に際してプレー代相当額の予約金を支払うこととされています。

都合により利用をキャンセルした場合には、その予約金はキャンセル料として返還されないこととされていますが、このキャンセル料はプレー代相当額であることから、交際費として課税仕入れの処理をしたところ、課税仕入れには該当しないとの指摘を受けました。どのような取扱いになりますか。

● 指摘された問題点

このキャンセル料は、一部事務手数料としての性質もありますが、逸失利益の補てんの性格を有するものです。この場合、資産の譲渡等の対価に該当しないものとして取り扱われてますから、課税仕入れとして処理することはできません。したがって、不課税の支出として処理すべきです。

● アドバイス

事例のキャンセル料については、解約によって生じる逸失利益に対する損害賠償金部分と解約に伴い生じる事務手数料の部分とが含まれているものと考えられますが、損害賠償金に相当する部分と事務手数料に相当する部分を区分することなく一括して受領しているときは、その全額を損害賠償金（不課税取引）として取り扱うこととなります。したがって、このキャンセル料は課税対象外の支出となることから、課税仕入れとして処理することはできませんので注意を要します。

● 解説

1　キャンセル料等の取扱い

　消費税の課税の対象は、国内において事業者が事業として対価を得て行う資産の譲渡等及び特定仕入れであり（法4①）、この要件に当てはまらない取引は課税の対象外の取引となります。

　例えば、不動産売買契約において手付金が支払われる場合がありますが、解約に伴い授受されるいわゆる手付金流しといわれる解約の損害金は、解約に伴う逸失利益の補てん等であり、消費税の課税の対象となる資産の譲渡等の対価に該当しませんので不課税取引となります。

　一方、契約の解除や変更等に伴い授受されるものとして解約手数料、取消手数料又は払戻手数料等といったものがあります。手付金流しなどの解約損害金が解約に伴う逸失利益の補てんという性格のものであるのとは異なり、これらは解約の請求に応じて発生する事務等の役務の提供の対価となりますから、消費税の課税の対象となります。

　例えば、約款、契約等において解約等の時期にかかわらず、一定額を解約手数料等として授受することとしている場合の解約手数料等は、解約等の請求に応じて行う役務の提供に対する対価ということになります。

　具体例としては、航空機の搭乗を解約する際に授受される定額の払戻手数料は、この役務の提供の対価となり課税の対象となりますが、取消時期や搭乗区間等に応じて金額の異なる取消手数料と称して授受するものは、搭乗の解約に伴う逸失利益の補てんの性格を有するものですので不課税取引ということになります。

　なお、解約等に伴い授受する金銭のうち、逸失利益等に対する損害賠償金に相当する部分と役務の提供の対価である解約手数料等に相当する部分とが含まれている場合には、その解約手数料等に相当する部分が役務の提供の対価として課税の対象となりますが、現実の取引において解約等に際して授受される金銭については、損害賠償金の部分と解約手数

料の性格を有する部分とが渾然としている場合も多く、それぞれに区分
できない場合もあります。

　そこで、これらの金額を区分することなく、一括して授受することと
しているときは、その全体の金額を資産の譲渡等の対価に該当しないも
のとして不課税取引として取り扱うことが認められています（基通5-5-
2）。

2　損害賠償金の取扱い

　事例のキャンセル料はゴルフのプレー代相当額であることから、ゴル
フのプレー代として課税処理とすることはできないのか疑問が生ずると
ころです。

　損害賠償金については、心身又は資産に加えられた損害の発生に伴
い、その損害を補てんするものとして受けるものは、一般に、資産の譲
渡等に係る対価に該当しませんが、資産の譲渡等の対価に該当するかど
うかは、その名称のいかんにかかわらず、その実質によって判定する必
要があるため、次のような損害賠償金は、資産の譲渡又は資産の貸付け
に係る対価に該当するとされています（基通5-2-5）。

①　損害を受けた棚卸資産等が加害者に引き渡される場合で、その棚
　卸資産等がそのまま又は軽微な修理を加えることにより使用できる
　ときに加害者からその棚卸資産を所有する事業者が収受する損害賠
　償金

②　無体財産権の侵害を受けた場合に加害者からその無体財産権の権
　利者である事業者が収受する損害賠償金

③　不動産等の明渡しの遅滞により加害者から賃貸人である事業者が
　収受する損害賠償金

　以上のとおり、例えば、①の場合は、棚卸資産は加害者に引き渡さ
れ、これに合わせて損害賠償金が支払われており、実質、棚卸資産を譲
渡したものと認められることから資産の譲渡等の対価として取り扱われ

るものです。

　しかしながら、事例の場合については、実際にゴルフをプレーするわけではないことから、このような損害賠償金に係る取扱いを受けることはできないということになります。

3　事例の対応

　事例のキャンセル料については、プレー代相当額ということですが、内容としては解約によって生じる逸失利益に対する損害賠償金部分と解約に伴い生ずる事務手数料の部分とが含まれているものと考えられます。

　このように、事業者がその全額について損害賠償金に相当する部分と事務手数料に相当する部分を区分することなく一括して受領しているときは、上記1のなお書以下に記載のとおり、その全額を課税資産の譲渡等の対価に該当しないものとして取り扱うこととされていますので、課税対象外の支出となり、課税仕入れとして処理することはできないことになります。

事例7	開業医である産業医の報酬の取扱い

当社は、医療法人と産業医の派遣契約を締結し、医師の派遣を受けていました。この度、担当であった医師が開業することとなったため、医師を再選任しなければならないことになりましたが、当社の事情に精通している医師であったため、医療法人と協議し、これまでの担当医師と新たに契約することになりました。

そこで、その医師に対する報酬は、医療法人と契約していた際に、課税仕入れの処理をしていましたので、同様に役務提供の対価として委託料と消費税の合計額を支払い、課税仕入れの処理をしていたところ、給与として処理すべきとの指摘を受けましたが、どのような処理になりますか。

● **指摘された問題点**

開業医である産業医に対する報酬は、原則として、給与として取り扱われていることから、不課税の支出として処理する必要があり、仕入税額控除の対象とすることはできません。

● **アドバイス**

医療法人に支払うものは役務の提供の対価としての委託料等であり、課税の対象となり、支払う事業者にとっては課税仕入れとなりますが、個人の医師が事業者から支払を受ける産業医としての報酬は、所得税法上、原則として、給与に該当するものとして取り扱われていますから、消費税は不課税となります。

● **解説**

1　産業医について

産業医とは、労働安全衛生法第13条《産業医等》の規定により、一定規模以上の事業所で選任することとされている労働者の健康管理に当

たる医師であり、事業場において労働者が健康で快適な作業環境のもとで仕事が行えるよう、専門的立場から指導・助言を行うものです。

　常時50人以上、1,000人未満の労働者を使用する事業場における産業医の選任形態は、一定の事業場を除き嘱託産業医（非常勤）で可能とされています。我が国の産業医は大部分が嘱託産業医であり、開業医や勤務医が産業医を兼務している場合が多いといわれています。

2　産業医の報酬の取扱い

　医療法人がその勤務医を産業医として派遣した場合に、対価として受領する委託料等は医療法人のその他の医業収入となるものです。したがって、消費税においては役務の提供の対価となりますから、課税の対象となります。

　これに対して、開業医（個人）が事業者の事業所等に待機し、一定の時間について健康相談等を受けるような場合、事業者から支払を受ける産業医としての報酬は、原則として、給与収入となります。したがって、所得税の源泉徴収を行う必要があるとともに、消費税は不課税となります。

3　事例の対応

　上記2のとおり、医療法人に支払うものは役務の提供の対価としての委託料等であり、課税の対象となります。また、支払う事業者にとっては課税仕入れとなります。

　しかしながら、個人の医師が事業者から支払を受ける産業医としての報酬は、所得税法上は、原則として、給与に該当するものとして取り扱われていますから、消費税は不課税取引となり、所得税法第28条第1項の給与等を対価とする役務の提供は課税仕入れから除かれています（法2①十二）ので、これを支払う事業者において課税仕入れとして処理することはできません。

事例8　三国間貿易に係る船荷証券の譲渡

当社は、海外（X国）にある日本のメーカーの現地工場から商品を購入し、これを直接第三国（Y国）の発注者（日本国内の商社）に納入していますが、この場合、商品の売買取引に当たっては、国内において、このメーカーの本社から、託送中の商品に係る船荷証券の譲渡を受け、これに対して商品代金を支払う方法で行っています。

このように、船荷証券の譲渡が国内で行われるときには、国内における資産の譲渡等とし、商品代金の支払について課税仕入れとして処理するとともに、発注者（日本国内の商社）への船荷証券の引渡しについては、有価証券の譲渡として非課税売上げの処理をしていましたが、税務調査において誤りの指摘を受けてしまいました。どのように対応すべきですか。

● 指摘された問題点

この取引は、国外における資産の譲渡であり、いずれも消費税の課税対象外の取引となります。

● アドバイス

船荷証券の譲渡は、原則として、その船荷証券の譲渡が行われる時においてその貨物が現実に所在している場所により内外判定を行うことになり、また、荷揚地により判定することも認められていますが、事例の場合は、現実に貨物が所在する場所は国外であり、船荷証券に表示されている「荷揚地」も国外であることから、国外取引に該当することになります。したがって、不課税取引の処理をする必要がありますから、商品代金の支払は、課税仕入れとはならないものです。

なお、船荷証券の譲渡については、非課税となる有価証券の譲渡には該当しないことから、有価証券の譲渡という非課税取引には該当しないことに注意を要します。

● 解説

1　船荷証券

　船荷証券は、海上運送事業者が運送する貨物を受け取ったことを証明し、これを荷揚地において証券の正当な所持人に引き渡すことを約した有価証券ですが、単なる証拠証券ではなく、運送契約上の運送に係る貨物の引渡請求権を表彰するものですから、船荷証券の譲渡は一般にその船荷証券に表彰されている貨物の譲渡と認識されており、消費税においても同様に取り扱われています。

(注)　消費税法上、有価証券や物品切手の譲渡は、証券そのものの譲渡として取り扱われていますが、この場合の有価証券とは金融商品取引法第2条《定義》に規定するものに限定されています。また、物品切手は券面に表示された物品と同種同等の物品又は券面金額に相当する物品の給付請求権を表彰するものであり、船荷証券はいずれにも該当しません。

2　船荷証券の譲渡に係る内外判定

　上記1のとおり、船荷証券の譲渡は船荷証券に表彰されている貨物の譲渡と取り扱われていますから、船荷証券の譲渡が国内取引に該当するかどうかは、船荷証券の譲渡を行う時にその船荷証券に表彰された貨物が現実に所在している場所により判定することが原則です（法4③一）。

　しかしながら、船荷証券に表彰された貨物が、その船荷証券の譲渡の時にどこにあるかを個々に確認することは難しく、また、船荷証券は貨物を荷揚地においてその船荷証券の正当な所持人に引き渡すことを約したものですから、その船荷証券が輸入貨物のものである場合、その譲受人は国内の荷揚地でその貨物の引渡しを受けることになりますので、実務上、輸入貨物に係る船荷証券の譲渡については、これを譲渡した事業者がその写しを保存することを要件に国内取引に該当するものとして取り扱って差し支えないとされています（基通5-7-11）。

　また、その船荷証券が輸出貨物のものである場合は、その貨物の荷揚

地が国外になりますから、その船荷証券の譲渡は国外取引ということになります。ただし、この場合でも、その船荷証券の譲渡の時においてその貨物が現実にあった場所により内外判定することが原則となります。

3　事例の対応

　上記1及び2のとおり、船荷証券の譲渡は、その船荷証券に表彰されている貨物の譲渡であるとの考え方から、原則として、その船荷証券の譲渡が行われる時においてその貨物が現実に所在している場所により内外判定を行うことになり、この場合、荷揚地により内外判定を行うことも認められているところです。

　事例の場合には、現実に貨物が所在する場所は国外であり、船荷証券に表示されている「荷揚地」も国外であることから、国外取引に該当する商品の売買取引ということになります。

　なお、船荷証券の譲渡については、非課税となる有価証券の譲渡に該当しないことから（基通6-2-2）、仮に証券が国内で譲渡されても有価証券の譲渡として非課税となることはありません。

事例9　国内外の市場調査

> 　国内の法人である当社は、国内の事業者であるＡ社から、Ａ社商品について、日本国内とＺ国における市場調査の依頼を受け、このほど業務委託契約を締結しました。契約書上、報酬額については、国内分と国外分の明確な区分はしていませんでした。このため、国外分は不課税取引であるので、報酬額の2分の1を国内分として課税取引とし、残りの2分の1を国外取引として不課税取引として処理しました。
>
> 　ところが、税務調査において、国内分と国外分の区分がなされていないのであれば、すべて国内取引として課税の処理をする必要がある旨の指摘を受けてしまいました。どのような取扱いとなっているのでしょうか。

● 指摘された問題点

　貴社が行った市場調査は、同一の者に対して国内と国外の双方において行われたものですが、その対価の額は、契約書上、国内分と国外分の明確な区分を行っていないということですから、貴社の事務所等の所在地により内外判定を行うこととなります。

　したがって、貴社の役務の提供に係る事務所等は国内ですから、役務の提供全体が国内取引に該当し、報酬額全体が課税対象になります。

● アドバイス

　貴社のＡ社に対する役務の提供は、役務の提供場所が国内と国外の双方に渡るものですが、その対価の額が国内分と国外分に合理的に区分されていません。この場合には、役務の提供を行った貴社の役務の提供に係る事務所等の所在地により内外判定を行うこととなりますから、この取引全体が国内取引となり、報酬額全額が課税対象となります。

　このような取引の場合、報酬を国内に係るものと国外に係るものに明確に区分して契約することにより、国外分については、不課税取引とし

て取り扱われることになります。

● **解説**

1　役務の提供に係る内外判定

　事業者が役務の提供を行った場合のその役務の提供が国内取引に該当するかどうかの判定（内外判定）は、原則として、役務の提供が行われた場所が国内であれば国内取引に、国外であれば国外取引になります。この場合、「役務の提供が行われた場所」とは、現実に役務の提供があった場所として特定ができる場所のことをいいますが、具体的な場所を特定できない場合であっても、契約において明らかにされている場所があるときはその場所をいうものとされています（基通5-7-15前段）。

　また、役務の提供の場所が明らかにされていないもののほか、①役務の提供が国内と国外の間において連続して行われるもの及び②同一の者に対して行われる役務の提供で役務の提供場所が国内と国外の双方で行われるもののうち、その対価の額が合理的に区分されていないものについては、役務の提供を行う者の役務の提供に係る事務所等の所在地により判定することとされています（消令6②六、基通5-7-15後段）。

　なお、①に該当するものとしては、通信用海底ケーブルの敷設工事などがあり、②に該当するものとしては、同一の広告主から国外で行う広告とその広告の国内での制作を同時に請け負った場合で、その対価の額が一括して取り決められているような場合が該当します。

2　事例の対応

　事例の場合は、同一の者に対して行われる役務の提供で、役務の提供場所が国内と国外の双方となるものであり、その対価の額が国内での役務の提供に係るものと国外での役務の提供に係るものとして合理的に区分されているものではないことから、内国法人である貴社の事務所等の所在地により内外判定を行うこととなります。

　したがって、役務の提供全体が国内取引として取り扱われることになり、報酬額全体が課税取引の対価に該当します。

事例 10　国内に支店のある外国法人に対する役務の提供（市場調査）

当社は国内における市場調査を業としていますが、米国に本店を置くＡ社からの依頼により、日本国内の市場調査を受注しました。Ａ社には国内の支店があり、取引の交渉や契約の締結は日本支店経由で行われました。また、調査報告書についても日本支店に提出しました。

当社はこの市場調査を非居住者に対する役務の提供と判断し、輸出免税を適用した消費税の申告をしました。

ところが、税務調査において、この市場調査は、居住者に対する取引であり、輸出免税の適用を受けることはできないとの指摘を受けましたが、修正申告をする必要がありますか。

● 指摘された問題点

日本国内に支店を有する外国法人との取引であり、非居住者に対する役務の提供には該当しないことから、消費税の課税の対象となり、当初の申告を修正する必要があります。

● アドバイス

事例は、外国法人に対する役務の提供ですが、非居住者である外国法人が支店を日本国内に有していて、その役務の提供が日本の支店を経由して行われており、外国為替及び外国貿易法（以下「外為法」といいます。）の上では居住者となる日本支店に対する役務の提供ということになりますから、輸出免税の対象とならないことになります。

したがって、この役務の提供の対価は課税売上げとして処理し、当初の申告を修正する必要があります。

なお、取引の内容について直接的にも間接的にも日本支店が関与していない場合は、直接、国外の本店等と取引を進めることにより、輸出免税の適用を受けることも考慮してはどうかと考えられます。

● 解説

1　非居住者に対する役務の提供

　国内において行われる役務の提供であっても、非居住者に対するもの
は、原則として、輸出免税の対象となります（令17②七）。

　ただし、非居住者に対する役務の提供であっても、

①　国内に所在する資産に係る運送又は保管

②　国内における飲食又は宿泊

③　①及び②に掲げるものに準ずるもので、国内において直接便益を
　　享受するもの

は、輸出免税の対象から除外されています。

2　国内に支店等を有する非居住者に対する役務の提供

　非居住者である外国法人等に対する役務の提供に関し、その外国法人
等が国内に支店、出張所等の施設を有する場合に、その役務の提供が輸
出免税の対象となるかどうかが問題となります。

　この点については、その外国法人等の国内の支店、出張所等が外為法
上では居住者とみなされており（基通7-2-15）、また、その外国法人等
に対する役務の提供が通常はその外国法人等の国内の支店、出張所等を
通じて行われる実態にあると考えられることから、消費税の取扱いにお
いては、外国法人等に対する役務の提供であっても、その外国法人等が
国内に支店、出張所等の施設を有する場合には、その役務の提供は居住
者たる国内の支店、出張所等を経由して役務の提供を行ったものとして
課税の対象と取り扱われています（基通7-2-17）。

　しかし、その役務の提供がその外国法人等の国外の本店等に対して直
接行われるものであり、国内の支店、出張所等がその役務の提供に係る
取引に関与していない場合については、消費地課税主義の考え方に基づ
き国境税調整をするという輸出免税の趣旨に鑑み、課税することは適当
ではないことになります。このため、次の①及び②の要件すべてを満た

す場合には輸出免税の対象として取り扱われています（基通7-2-17ただし書）。

① 役務の提供が非居住者の国外の本店等との直接取引であり、その非居住者の国内の支店又は出張所等はこの役務の提供に直接的にも間接的にもかかわっていないこと

② 役務の提供を受ける非居住者の国内の支店又は出張所等の業務は、その役務の提供に係る業務と同種、あるいは関連する業務でないこと

なお、要件①の「この役務の提供に直接的にも間接的にもかかわっていないこと」とは、外国の本店等に対して直接役務の提供が行われ、国内の支店、出張所等はその役務の提供に関して、契約締結交渉、事務の取次ぎ、代金の支払等一切の事務にかかわっていない実態にある場合をいうものとされています。

また、非居住者である外国法人等に対する役務の提供が課税となる場合は、当然にその役務の提供は役務の提供を受けた外国法人等の課税仕入れになります。

3　事例の対応

事例は、外国法人に対する役務の提供ですが、非居住者である外国法人が支店又は出張所等を日本国内に有しており、取引の交渉や契約の締結は日本支店経由で行われ、調査報告書についても日本支店に提出されるなどその役務の提供が日本の支店を経由して行われていますから、外為法上の居住者となる日本支店に対する役務の提供となり、非居住者に対する役務の提供に該当しないことになるので、輸出免税の対象とならないことになります。

したがって、この役務の提供の対価は課税売上げとして処理し、当初の申告を修正する必要があります。

事例11　インターネットで論文を取り寄せる場合の取扱い

> 当社では、海外のシンクタンクとの契約に基づき、インターネットにより学術論文を有料で取り寄せていますが、以前から国外取引となることから消費税は不課税として処理していたところ、税務調査において誤りを指摘されました。正しい処理を教えてください。
>
> なお、当社の課税売上割合は約80%であり、この学術論文の取寄せについては不課税の処理をしていましたので、消費税の申告には反映させていません。

● 指摘された問題点

　国外事業者から受ける「電気通信利用役務の提供」の内外判定基準が平成27年10月1日から改正されており、改正後は、役務の提供を受ける者の住所等が国内であれば国内取引になりますから、不課税取引となることはありません。

　また、海外のシンクタンクとの個別の契約により、インターネットにより学術論文の配信を受けることは「事業者向け電気通信利用役務の提供」を受けることになりますから、貴社がリバースチャージ方式により、「事業者向け電気通信利用役務の提供」に係る消費税を納付する必要があります。

● アドバイス

　海外のシンクタンクから、個別の契約に基づいてインターネットにより学術論文を取り寄せる取引は「事業者向け電気通信利用役務の提供」に該当し、貴社においてシンクタンクに支払った学術論文に係る対価についてリバースチャージ方式により申告・納付する必要があります。

　また、この取引は、特定課税仕入れにも該当することになりますから、仕入税額控除の計算にも反映させる必要があります。

● **解説**

1　国境を越えた役務の提供に係る消費税の課税関係

(1)　電気通信利用役務の提供に係る内外判定基準（法2①八の三、4③三）

　　電子書籍・音楽・広告の配信などのインターネット等の電気通信回線を介して行われる役務の提供（消費税法上、「電気通信利用役務の提供」と位置付けられています。）については、その役務の提供が消費税の課税対象となる国内取引に該当するか否かの判定基準（内外判定基準）が、役務の提供を行う者の役務の提供に係る事務所等の所在地から、役務の提供を受ける者の住所等に平成27年度税制改正により改正されたところです。

　　したがって、国内に住所等を有する者に提供する「電気通信利用役務の提供」については、国内、国外いずれからの提供であっても国内取引となります。

(2)　特定課税仕入れに係るリバースチャージ方式による課税（法2①八の四、5①、28②、45①一）

　　国外事業者が行う「電気通信利用役務の提供」については、「事業者向け電気通信利用役務の提供」とそれ以外のものとに区分されます。

　　消費税法においては、課税資産の譲渡等を行った事業者が、その課税資産の譲渡等に係る申告・納税を行いますが、「事業者向け電気通信利用役務の提供」については、国外事業者から役務の提供を受けた事業者が、「特定課税仕入れ」として、申告・納税を行う、いわゆるリバースチャージ方式が適用されます。ただし、「事業者向け電気通信利用役務の提供」を受けた場合に、リバースチャージ方式により申告を行う必要があるのは、一般課税により申告する事業者で、その課税期間における課税売上割合が95％未満の事業者に限られます。

　　なお、電気通信利用役務の提供のうち、「事業者向け電気通信利用

役務の提供」以外のもの（以下「消費者向け電気通信利用役務の提供」
といいます。）については、その役務の提供を行った事業者が消費税
の申告・納税を行います。

(3)　国外事業者から受けた「消費者向け電気通信利用役務の提供」に係
る仕入税額控除の制限（平成27改正法附則38①）

　　電気通信利用役務の提供のうち「消費者向け電気通信利用役務の提
供」については、役務の提供を行った事業者が消費税の申告・納税を
行いますが、国外事業者から受けた「消費者向け電気通信利用役務の
提供」については、当分の間、仕入税額控除ができないこととされて
います。

　　このように、国外事業者から消費者向け電気通信利用役務の提供を
受けた国内事業者は、その役務の提供に係る仕入税額控除が制限され
ますが、他方で、国税庁長官の登録を受けた登録国外事業者から受け
る消費者向け電気通信利用役務の提供については、その仕入税額控除
を行うことができることとされています。

2　事業者向け電気通信利用役務の提供の範囲

「事業者向け電気通信利用役務の提供」とは、国外事業者が行う電気
通信利用役務の提供のうち、役務の性質又はその役務の提供に係る取引
条件等から役務の提供を受ける者が通常事業者に限られるものをいい、
例えば、次に掲げるようなものが該当します（法2①八の四、基通5-8-
4）。

　①　役務の性質から「事業者向け電気通信利用役務の提供」に該当す
　　るもの

　　　インターネットのウェブサイト上への広告の掲載やインターネッ
　　ト上でゲームやソフトウエアの販売場所を提供するサービスのよう
　　にその役務の性質から通常事業者向けであることが客観的に明らか
　　なもの

②　取引条件等から「事業者向け電気通信利用役務の提供」に該当するもの

　　役務の提供を受ける事業者に応じて、各事業者との間で個別に取引内容を取り決めて締結した契約に基づき行われる電気通信利用役務の提供で、契約において役務の提供を受ける事業者が事業として利用することが明らかなもの

なお、消費者に対しても広く提供されるような、インターネットを介して行う電子書籍・音楽の配信又は各種ソフトウエアやゲームを利用させるなどの役務の提供は、インターネットのウェブサイト上に掲載した規約等で事業者のみを対象とするものであることを明示していたとしても、消費者からの申込みが行われ、その申込みを事実上制限できないものについては、その取引条件等からは「事業者向け電気通信利用役務の提供」には該当せず、「消費者向け電気通信利用役務の提供」に該当するものとされていますので注意を要します。

3　事例の対応

　海外のシンクタンクとの個別の契約により、インターネットにより学術論文を有料で取り寄せる取引は、契約において役務の提供を受ける事業者が事業として利用することが明らかですから「事業者向け電気通信利用役務の提供」に該当し、この場合の申告納付については、リバースチャージ方式が適用となります。

　なお、「事業者向け電気通信利用役務の提供」を受けた場合は他の課税仕入れと同様に、役務の提供を受けた事業者において仕入税額控除の対象となります（法30①）。

　リバースチャージ方式による申告・納付の対象となる事業者は、その課税期間における課税売上割合が95％未満の事業者となりますが、貴社の課税売上割合は約80％ですから、リバースチャージ方式による申告・納付を要することになります。

　したがって、国外事業者であるシンクタンクから学術論文の配信を受ける貴社がシンクタンクへ支払う対価の額を、特定課税仕入れとして課税売上げに計上するとともに、課税仕入れにも計上して仕入控除税額の計算にも反映させる必要があります。

（納税義務者の判定等に関する誤り）

事例12 基準期間において免税事業者の場合の課税売上高の算定

　当社は、前期（平成30年4月1日～平成31年3月31日）の基準期間である課税期間（平成28年4月1日～平成29年3月31日）の課税売上高が1,026万円であり、1,000万円を超えました。ちなみに、前期の基準期間である課税期間の基準期間（平成26年4月1日～平成27年3月31日）の課税売上高は1,000万円以下でしたので前期の基準期間は免税事業者でした。

　前期の消費税の納税義務の有無の判定をする際、課税売上高の計算に当たっては、消費税及び地方消費税の額は含まれないと聞いていましたので、税抜き計算をして課税売上高は950万円と算出しました。また、前期の特定期間（平成29年4月1日～平成29年9月30日）の課税売上高も1,000万円を大きく下回っていましたので、免税事業者に該当するものと判断しました。

　このため、前期については消費税の確定申告等は行っていませんでしたが、税務調査において、前期は課税事業者に該当して申告が必要との指摘を受けました。どのような処理が必要でしたか。

● **指摘された問題点**

　前期の基準期間において免税事業者に該当していたことから、前期の課税事業者に該当するかどうかの判定のため、課税売上高の計算に当たって税抜き計算を行うことはできません。したがって、1,026万円が課税売上高となることから、貴社は前期において課税事業者となり、確定申告等の手続が必要です。

● **アドバイス**

　前期の基準期間が免税事業者であったため、前期の基準期間の課税売上高を算定する場合には、税抜き計算を要しません。

　したがって、課税資産の譲渡等に伴って収受し、又は収受すべき金銭等の全額が課税売上高になることから前期は課税事業者に該当していたということになりますので、早急に期限後申告書の提出等の手続を行う必要があります。

● **解説**

1　納税義務が免除されるかどうかの判定

　事業者の納税義務が免除される免税事業者に該当するかどうかは、その課税期間の基準期間における課税売上高が1,000万円以下であるかどうかによって判定することとされています。この場合の基準期間における課税売上高は、基準期間中に国内において行った課税資産の譲渡等の対価の額の合計額から売上げに係る税抜対価の返還等の金額の合計額を控除した残額とされており、この課税資産の譲渡等の対価の額とは、消費税法第28条第1項に規定する対価の額（対価として収受し、又は収受すべき一切の金銭又は金銭以外の物若しくは権利その他経済的な利益の額とし、課税資産の譲渡等につき課されるべき消費税額及び地方消費税額に相当する額を含まない）をいうこととされていることから、消費税及び地方消費税に相当する額を含みません（法9①②、28①）。

　このように「消費税及び地方消費税に相当する額を含まない」とされていることから、一律税抜き計算してよいのではないかとの誤解が生じやすいところですが、基準期間における課税売上高は、その課税期間の基準期間において課税事業者であったか免税事業者であったかによって、その算出方法が異なることとなります。

　①　その課税期間の基準期間において課税事業者であるとき

　　　基準期間における課税資産の譲渡等に伴って収受し、又は収受す

べき金銭等には、その課税資産の譲渡等について課されることとなる消費税及び地方消費税に相当する金額が含まれていますから、その課税期間の基準期間における課税売上高は、次の計算式により税抜き計算した金額となります。

$$課税売上高 \quad = \quad \boxed{\begin{array}{l}\text{その基準期間における課税資産の}\\\text{譲渡等に伴って収受し、又は収受}\\\text{すべき金銭等の合計額}\end{array}} \times \frac{100}{108} （注）$$

（注）令和元年10月1日以後の課税資産の譲渡等の対価については、

$$\frac{100}{110} \left(又は \frac{100}{108}\right)$$

②　その課税期間の基準期間において免税事業者であるとき

　免税事業者は、課税資産の譲渡等について消費税及び地方消費税を納める義務が免除されていましたから、免税事業者であった期間において課税資産の譲渡等に伴って収受し、又は収受すべき金銭等の中には、課税資産の譲渡等につき課されるべき消費税及び地方消費税に相当する額は含まれていません。

　したがって、その課税期間の基準期間において免税事業者であったときの基準期間における課税売上高は、課税資産の譲渡等に伴って収受し、又は収受すべき金銭等の全額となります。

2　事例の対応

　事例の場合は、基準期間が免税事業者でしたので、課税資産の譲渡等に伴って収受し、又は収受すべき金銭等の中には、課税資産の譲渡等につき課されるべき消費税及び地方消費税に相当する額は含まれていません。

　したがって、税抜き計算を行なうことは誤りであり、課税資産の譲渡等に伴って収受し、又は収受すべき金銭等の全額が課税売上高となります。

事例13　課税事業者を選択していた被相続人の事業を承継した相続人の納税義務

> 　これまで事業を行っていなかった相続人が被相続人の事業を承継したことに併せて設備投資を行ったため、消費税の還付を受ける確定申告書を提出しました。被相続人の基準期間の課税売上高は1,000万円以下でしたが、以前に「消費税課税事業者選択届出書」を提出し、課税事業者を選択していたことから、この事業を承継した相続人が申告することに問題ないと考えていましたが、還付申告書は提出できないとの指摘を受けています。どのような取扱いとなるのでしょうか。

● 指摘された問題点

　被相続人が提出した「消費税課税事業者選択届出書」の効力は相続人には及ばないことから、相続人は相続があった日の属する課税期間の納税義務はないため、確定申告書（還付申告書）を提出することはできません。

● アドバイス

　被相続人が提出した「消費税課税事業者選択届出書」の効力は相続人には及ばないことから、相続人が相続のあった日の属する課税期間について確定申告（還付申告）をする場合には、相続のあった年の12月31日までに改めて「消費税課税事業者選択届出書」を所轄税務署長に提出し、課税事業者を選択する必要がありました。

● 解説

1　相続があった場合の納税義務の免除の特例

　消費税は、基準期間の課税売上高が1,000万円を超える事業者を課税事業者としていますが、課税期間中に相続があった場合において、基準期間の課税売上高が1,000万円以下である相続人が、相続のあった日の

属する課税期間の基準期間における課税売上高が 1,000 万円を超える被相続人の事業を承継したときは、その相続人は、相続のあった日の翌日からその年の 12 月 31 日までは課税事業者になることとされています（法 10）。

したがって、相続があった日の属する課税期間の基準期間における課税売上高が 1,000 万円以下である被相続人の事業を承継した相続人については、相続のあった日の翌日から当然に課税事業者になるということにはなりません。

2　相続があった場合の課税事業者選択届出書の効力等

個人が相続により被相続人の事業を承継した場合に、その被相続人が事業者として提出していた届出書の効力は、その相続人である個人には及びませんから、相続人が課税事業者となることを選択しようとするときは、新たに「消費税課税事業者選択届出書」を提出しなければならないことになります（基通 1-4-12⑴）。

また、「消費税課税事業者選択届出書」の効力は、届出書を提出した日の属する課税期間の翌課税期間以後に生ずることになりますが、新たに事業を開始した場合及び相続により事業を承継した場合には、事業を開始した日及び相続があった日の属する課税期間からその効力が生ずることとされています（法 9④、令 20）。

したがって、事業を営んでいない個人が相続により被相続人の事業を承継して新たに事業を開始した場合又は現に事業を営む個人が消費税法第 9 条第 4 項《課税事業者の選択》の規定の適用を受けていた被相続人の事業を相続により承継した場合において、その事業を開始した日又は相続があった日を含む課税期間から課税事業者となることを選択しようとするときは、その課税期間中に、所轄税務署長に「消費税課税事業者選択届出書」を提出することが必要となります。

3　事例の対応

　以上のように、相続により相続人が被相続人の事業を承継した場合において、被相続人が生前に消費税課税事業者選択届出書を提出していたときであっても、この届出の効力は被相続人についてのものであり、相続人には及ばないことになります。また、被相続人の基準期間の課税売上高が1,000万円以下であった場合は、当然に相続人が課税事業者になることはないため、相続人がこれらの特例規定の適用を受けるかどうかは、その相続人の選択によることとなります。

　したがって、被相続人の事業を承継した相続人が承継後に設備投資など多額の支出を予定している場合など、消費税の還付申告を予定する場合には、相続があった日を含む課税期間中に、改めて所轄税務署長に「消費税課税事業者選択届出書」を提出し、課税事業者を選択する必要があります。

事例14　工場移転に伴う土地・建物の譲渡（付随行為）

個人事業者として自動車部品の製造業を営んでいます。昨年、工場を移転したため、旧工場の土地及び建物を譲渡しました。これについては、当社は不動産業者とは違いますから、消費税について何らかの処理を行う必要はないと判断し、消費税の申告に含めていませんでしたが、税務署から、消費税の処理に誤りがあるとの指摘を受けています。どのような処理が必要だったのでしょうか。

● 指摘された問題点

建物の譲渡は、事業のために使用していた資産の譲渡であり、消費税の課税の対象となりますから、その譲渡対価を課税資産の譲渡等の対価の額として処理する必要があります。また、土地についても事業に使用していた資産の譲渡であり、同様に消費税の処理をする必要がありますが、土地の譲渡は非課税とされていますので非課税売上げとして処理する必要があります。

● アドバイス

事業のために使用していた土地、建物の譲渡ということですと、事業に付随して行われる資産の譲渡として課税（非課税）の対象になります。このため、建物の譲渡については、その譲渡対価を課税資産の譲渡等の対価の額として計上し、土地の譲渡は非課税とされていますので、その譲渡対価を非課税売上げとして計上する必要がありました。

● 解説

1　付随行為の取扱い

消費税は、「国内において事業者が行った資産の譲渡等」を課税の対象としています（消法4①）が、消費税の課税の対象となる「資産の譲

渡等」には、「その性質上事業に付随して対価を得て行われる資産の譲
渡及び貸付け並びに役務の提供」を含むものとされています（令2③）。

　この場合の「その性質上事業に付随して対価を得て行われる資産の譲
渡及び貸付け並びに役務の提供」には、事業活動の一環として、又はこ
れに関連して行われるものが該当することとされています（基通5-1-
7）。具体的には、例えば、事業活動の一環として、又はこれに関連し
て行われる次に掲げるようなものは、資産の譲渡等に含むこととされて
います。

① 　職業運動家、作家、映画・演劇等の出演者等で事業者に該当する
　　ものが対価を得て行う他の事業者の広告宣伝のための役務の提供
② 　職業運動家、作家等で事業者に該当するものが対価を得て行う催
　　物への参加又はラジオ放送若しくはテレビ放送等に係る出演その他
　　これらに類するもののための役務の提供
③ 　事業の用に供している建物、機械等の売却
④ 　利子を対価とする事業資金の預け入れ
⑤ 　事業の遂行のための取引先又は使用人に対する利子を対価とする
　　金銭等の貸付け
⑥ 　新聞販売店における折込み広告
⑦ 　浴場業、飲食業等における広告の掲示

2　具体的な例

　これらに該当するものとして、例えば、プロスポーツ選手がシーズン
オフにサイン会等に出席して対価を受領するようなものは、アルバイト
料と称されるものであっても付随行為として、事業者が事業として行う
役務の提供として取り扱われます。

　上記のように消費税の課税の対象となる「資産の譲渡等」は、その性
質上、事業に付随して対価を得て行われる資産の譲渡等が含まれること
から、物品販売業における販売用の商品や運送業の運送に係る役務の提

供などだけが課税の対象となるのではなく、事業のために使用していた
建物や機械、車両等の事業用資産の譲渡についても課税対象とされるこ
とになります。

　また、例えば、個人事業者が所有する店舗兼住宅用の建物で、その1
階部分を店舗又は工場として使用していて、2階部分を個人の住宅とし
て使用している場合のように事業と家事の用途に共通して使用されてい
る建物を売却した場合の課税関係については、たとえ事業と家事の用途
に供する資産であっても、譲渡すれば事業用の部分については課税の対
象となります。なお、この場合には、1階部分と2階部分とに合理的に
譲渡価格を按分計算等を行うなどして、事業用の部分の対価を算出する
ことになります。

3　事例の対応

　事例の事業者が行った土地及び建物の譲渡は、事業に使用していた土
地、建物の譲渡ということですから、「その性質上事業に付随して対価
を得て行われる資産の譲渡」に該当して課税（非課税）の対象になりま
す。

　したがって、建物の譲渡については、その譲渡対価を課税資産の譲渡
等の対価の額として計上し、また、土地の譲渡は非課税とされています
（法6、別表第1一）ので、その譲渡対価を非課税売上げとして計上する
必要があります。

　なお、事業者である個人が不動産を譲渡する場合であっても、居住用
の不動産を譲渡する場合には、家事用資産の譲渡となり、「その性質上
事業に付随して対価を得て行われる資産の譲渡」には該当しないと考え
られますから、一般的には、課税の対象になりません。

　また、個人事業者が行う資産の譲渡のうち、例えば、次に掲げるもの
は、事業のために行うものであっても「事業として」行うものではない
ことから、「その性質上事業に付随して対価を得て行われる資産の譲

渡」には含まれないこととされています（基通5-1-8）。

①　事業用資金の取得のために行う家事用資産の譲渡

②　事業用資産の仕入代金に係る債務又は事業用に借り入れた資金の
代物弁済として行われる家事用資産の譲渡

（課税標準額の算定等の誤り）

事例15　フランチャイズ店の課税売上高（フランチャイズ手数料等の取扱い）

当社は、大手のチェーンストアグループの傘下のフランチャイズ店を経営しています。当社のようなフランチャイズ店では、毎月売上高の何％というように定められた金額を、経営指導料、フランチャイズ手数料、ロイヤリティーなどの名目で大手のチェーンストアグループの主宰法人に手数料として支払っています。

当社としては、このフランチャイズ手数料等は必ず一定割合で支払うことになりますから、売上金額からこのフランチャイズ手数料等を差し引いた正味の金額を課税売上げとして処理していましたが、税務調査において、フランチャイズ手数料等を差し引く前の売上金額を課税売上げとして処理するよう指摘を受けました。やはり、このような処理が必要なのでしょうか。

● 指摘された問題点

フランチャイズ手数料等に係る取引は、商品の販売に係る取引とは別の取引ですから、それぞれの金額を計上する必要があります。したがって、フランチャイズ手数料等を差し引いた金額を課税売上げとして処理することはできません。

● アドバイス

商品の販売とフランチャイズ手数料等の支払は別の取引であり、特に、仕入税額控除では課税仕入れ等の税額が全額控除できるか否かは、事業者の事業の内容（課税売上高や課税売上割合）によることになりますから、正味の金額で計上することは税額計算においても差が生ずる可能

性があります。

　したがって、それぞれの金額を計上する必要がありますから、課税売上高の算定に当たって、フランチャイズ手数料等を差し引く処理は誤っており、商品の売上金額の全額を課税売上げとして計上する必要があります。

● 解説

1　フランチャイズ手数料等の取扱い

　一般的に、「経営指導料」名目のものは、販売、仕入の手法や財務面の指導をするという役務の提供の対価と考えられます。

　また、「フランチャイズ手数料」及び「ロイヤリティー」名目のものは、グループ傘下の店舗として、統一された名称の使用、グループの共同広告の分担金、経営指導等の役務の提供の対価及び商標又は意匠等の権利やノウハウの使用の対価としての性格を有するものと考えられます。

　したがって、これらはいずれも課税の対象となるものですから、課税資産の譲渡等の対価ということになります。

2　事例の対応

　フランチャイズ手数料等は、上記1のとおりいずれも課税の対象となるものであり、課税資産の譲渡等の対価ということになりますから、フランチャイズ店側の課税仕入れに該当し、仕入税額控除の対象となります。

　貴社にとって、フランチャイズ手数料等に係る取引は、グループの主宰法人との間の取引であり、店での商品の販売に係る取引とは別の取引ですから、フランチャイズ手数料等は課税仕入れとして、商品の売上金額は課税売上げとしてそれぞれの金額をグロスで計上して処理する必要があります。

　したがって、課税売上高の算定に当たって、フランチャイズ手数料等を店の売上金額から差し引く処理は誤っており、商品の売上金額の全額を課税売上げとして計上する必要があります。

事例16 対価未確定の場合の処理

当社は、経営コンサルティング業を営んでいますが、ある取引先とのコンサルティング取引において、当初の予定より大幅に作業量が増加したため、報酬の増額交渉をしていたところ、その途中で課税期間の末日を迎えてしまいました。報酬の金額が確定しませんでしたが、役務の提供は完了していたため、当初予定の報酬の金額を対価の額として課税売上げの処理をし、申告しました。

その後、報酬額の増額について合意に至ったのですが、未処理となっていた報酬の増額分について何らかの処理が必要でしょうか。

● 指摘された問題点

見積額を課税資産の譲渡等の金額として確定申告していたものについて、対価の額が確定した日の属する課税期間において、増加の場合は資産の譲渡等の金額の合計額に加算し、減額の場合は資産の譲渡等の金額の合計額から減算する必要があります。

● アドバイス

対価の額が確定していない取引であっても、資産の譲渡等の時期は役務の提供を完了した日ということになりますから、その役務の提供を行った日の属する課税期間の末日までにその対価の額が確定していないときは、その末日の現況により見積もった金額により課税売上げを認識することになります。

また、その後確定した対価の額が見積額と異なる場合には、その対価の額が確定した日の属する課税期間において、増額となった場合は資産の譲渡等の対価の額に加算し、減額となった場合は資産の譲渡等の対価の額から減算する必要があります。

● 解説

1　資産の議渡等に係る対価が確定していない場合の処理

　事業者が課税資産の議渡等を行った場合には、その課税資産の議渡等に係る対価の額が消費税の課税標準となりますが、その資産の議渡等が行われている場合であっても、その資産の議渡等をした日の属する課税期間の末日までにその対価の額が最終的に確定しないことがあります。

　このような場合には、その資産の議渡等を行った日の属する課税期間の末日における現況により、その対価の額を適正に見積り、その金額をその資産の議渡等の対価の額とし、課税資産の議渡等の場合はその見積額により、その課税期間の課税標準額を計算することになります（基通10-1-20前段）。

2　対価の額が確定した時の処理

　上記1の場合のように見積額により課税標準額を計算した場合において、その見積額と最終的に確定した金額に変動がなければ特に改めて処理することはありませんが、見積額と確定金額との間に差額が生じた場合には、正しく修正する必要が生じます。

　ただし、その議渡等を行った日の属する課税期間に遡って修正することまでは求められていませんから、最終的に対価の額が確定した日の属する課税期間の課税資産の議渡等の対価の額の合計額に見積額と最終的に確定した金額の差額について、①増額となった場合は加算し、②減額となった場合はその合計額から減算することになります（基通10-1-20後段）。

3　事例の対応

　対価の額が確定していない取引であっても、資産の議渡等の時期は資産の議渡等を行った日となりますから、事例の場合はその役務の提供を完了した日ということになります。

　したがって、その資産の譲渡等を行った日の属する課税期間の末日までにその対価の額が確定していないときは、役務の提供を行った日の属する課税期間の末日の現況により見積もった金額により課税売上げを認識することになります。

　また、その後確定した対価の額が見積額と異なることとなる場合には、その対価の額が確定した日の属する課税期間において資産の譲渡等の対価の額に、①増額となった場合は加算し、②減額となった場合は減算する必要がありますので、この処理を行っていないということであれば直ちに処理する必要があります。

事例17　中古自動車の下取りの取扱い

当社は、繊維製品の卸売を行う法人です。この度、現在使っている事業用車両を自動車販売会社に下取り車として売却し、その下取り代金を新たに購入した事業用車両の購入費用に充てましたが、この下取り金額は新車代金の値引きとして取り扱い、下取り価額を差し引いた金額を新車の購入金額として処理していました。ところが、税務調査において、下取り価額を差し引く前の金額を新車の購入金額として処理しなければならないと指摘されました。正しい取扱いを教えてください。

● **指摘された問題点**

新車の購入に係る仕入控除税額の計算と下取りに係る課税資産の譲渡等の対価の額に対する消費税額は、それぞれ別個に計算する必要がありますから、下取り価額を差し引いた金額を新車の購入金額として処理することはできません。

● **アドバイス**

新車を購入する際の中古自動車の下取りがある場合は、その下取りは自動車販売会社に対する中古自動車の譲渡（課税資産の譲渡）に該当し、その下取り価額を課税資産の譲渡等の対価として課税標準額に含める必要があります。

また、新車の購入代金について、下取り価額を値引きとして差し引くことはできませんので、新車の購入代金は下取り価額を差し引く前の新車そのものの購入代金を、課税仕入れに係る支払対価の額として処理する必要があります。

● **解説**

1　下取りの取扱い

　消費税法基本通達 10-1-17《下取り》では、「課税資産の譲渡等に際して資産の下取りを行った場合であっても当該課税資産の譲渡等の金額について、その下取りに係る資産の価額を控除した後の金額とすることはできないのであるから留意する。」また、注書において「課税資産の下取りをした場合には、その下取りは課税仕入れに該当し、法第 30 条《仕入れに係る消費税額の控除》の規定を適用することとなる。」としています。

　これは、消費税の納付額は、その課税期間中に国内において行った課税資産の譲渡等の対価の額の合計額（課税標準額）に対する消費税額を計算し、その消費税額からその課税期間中の課税仕入れ等の税額の合計額を控除することにより計算されることになっているからです。

　したがって、一連の取引において課税資産の譲渡等の対価の額と課税仕入れに係る支払対価の額がある場合には、それぞれ別個にその合計額を求める必要があり、前者の額から後者の額を直接控除してこれを課税標準額とすることは予定されていません。

　このため、課税資産の販売に際して課税資産の下取りを行った場合に、販売額から下取額を直接控除した金額を課税資産の譲渡等の金額とするのではなく、それぞれが別の取引として、課税資産の譲渡等及び課税仕入れとなり、これらに係る金額を課税資産の譲渡等の金額及び課税仕入れに係る支払対価の額とすることになります。

2　事例の対応

　事例のように事業者が新車を購入する際に、自動車販売会社に中古自動車の下取り価額の評価を依頼し、下取りしてもらう場合は、事業者にとっては事業用資産である中古自動車の譲渡（課税資産の譲渡）に該当します。

　したがって、まずその下取り価額を課税資産の譲渡等の対価として課税標準額に含める必要があります。

　また、上記１で説明したとおり、新車の購入代金について、下取り価額を値引きとして差し引くことはできませんので、新車の購入代金は下取り価額を差し引く前の新車そのものの購入代金が、課税仕入れに係る支払対価の額となり、この金額に基づいて仕入控除税額の計算を行うことになります。

（課税仕入れ等の範囲・仕入控除税額の算定等の誤り）

事例18　軽油引取税の取扱い

当社は、家電製品の部品を製造するメーカーですが、当社では製品の原材料の調達や家電製品のメーカーへの納品などのために車両を保有しており、この車両の燃料となる軽油はガソリンスタンドにおいて調達しています。

そこで、ガソリンの購入の場合は、支払った対価の全額を課税仕入れ等の支払対価の額として処理していますが、軽油の場合も同様に軽油の購入に際して課される軽油引取税を含めて課税仕入れ等の支払対価の額として仕入控除税額を計算していました。ところが、税務調査において、ガソリンと軽油では課税の時期や納税義務者が異なることから同じ取扱いにはならないとの指摘を受けました。どのような取扱いになりますか。

なお、軽油を購入しているガソリンスタンドは、軽油引取税の特別徴収義務者である特約業者であることを確認しています。

● **指摘された問題点**

特約業者から調達した軽油は、その軽油引取税については課税仕入れ等の支払対価にならないことから、軽油引取税額を差し引いた金額を仕入税額控除の対象として処理する必要があります。

● **アドバイス**

特約業者から調達する軽油については、その軽油に課される軽油引取税の納税義務者は貴社となるため、特約業者からの請求書や領収書等において軽油引取税が区分されている限りにおいて、その軽油引取税は税金の支出額となり資産の譲受けの対価にはならないことから、課税仕

入れ等の支払対価として処理をすることはできません。

　なお、軽油引取税については、軽油を販売する事業者が特別徴収義務者かどうか、委託販売契約により販売しているかどうかがポイントになりますから、この点を確認する必要があります。

● 解説

1　個別消費税の取扱い

　課税資産の譲渡等の対価の額は、対価として収受し、又は収受すべき一切の金銭又は金銭以外の物若しくは権利その他経済的な利益の額とし課税資産の譲渡等につき課されるべき消費税及び地方消費税に相当する額を含まないものとされています（法28①）。

　ところで、取引される物品やサービスには、酒税やゴルフ場利用税などの個別の消費税が課されているものもありますが、これらの取扱いについて誤るケースも見受けられます。

　そこで、これらの個別消費税についてはそれぞれの税の性格や課税方式の違いにより大きく次の二つの取扱いとなります（基通10-1-11）。

(1)　酒税、たばこ税、揮発油税、地方揮発油税、石油石炭税、石油ガス税

　　これらの個別消費税は、その課税物件の製造者等が課税物件を製造場等から移出等を行ったことに対し課税され、課税資産の価額の一部を構成するものであることから、消費税の課税標準に含まれることになります。

(2)　軽油引取税、ゴルフ場利用税及び入湯税

　　これらの税は、課税資産の譲渡等を受ける者が納税義務者となる税であり、ゴルフ場等を経営する事業者は、いわゆる特別徴収義務者として納税義務者である利用者等からこれらの税そのものを特別徴収し、地方公共団体に納付しているにすぎないものです。このことから、これらの税相当額は課税資産の譲渡等の対価に該当しないことに

なります。

　したがって、これらの税相当額を請求書や領収証書等で相手方に明らかにし、預り金等の科目で経理しているときには、消費税の課税標準に含まれないことになります。

2　軽油引取税の具体的な取扱い

　軽油引取税は、軽油を引き取る者が納税義務者となり、原則として、上記1(2)の取扱いが適用となります。このため、軽油引取税の特別徴収義務者である事業者（特約業者）が納税義務者となる軽油を引き取る者（軽油の購入者）から特別徴収する軽油引取税額は、その軽油引取税額を請求書や領収証書等において区分記載している場合には資産の譲渡等の対価に含まれず、消費税の課税標準とはならないこととなります。

　しかしながら、特約業者ではない事業者が販売する軽油については、その事業者自体が特約業者から引き取る際に納税義務者として軽油引取税を負担する立場になりますから、その事業者が顧客に販売する軽油の対価の額は、その事業者が負担した軽油引取税額を含んだ金額となることに留意する必要があります。

　ただし、この場合において、特約業者とその者から軽油を引き取って販売する事業者との間に委託販売契約が締結されていて、その契約に基づき販売しているときは、その受託者である事業者の行う軽油の販売は、特別徴収義務者である事業者に帰属することになりますから、その資産の譲渡等の対価の額は、軽油引取税額を区分記載している限りその金額を除いた金額となります。

3　事例の対応

　事例の場合は、軽油を特別徴収義務者である特約業者から調達しているとのことですから、その軽油に課税される軽油引取税の納税義務者はその軽油を引き取る貴社となります。

　したがって、特約業者からの請求書や領収書等において軽油引取税が区分記載されている限りにおいて、その軽油引取税は税金として授受されるものであり、資産の譲受けの対価にはならないこととなりますので、課税仕入れの支払対価として処理をすることはできません。

　なお、軽油引取税については、軽油を販売する事業者が特別徴収義務者かどうか、特別徴収義務者との間の委託販売契約に基づいて販売している事業者かどうかによって支払対価の取扱いに違いが生じてくることになりますから、軽油を調達する際にはこの点を確認する必要があります。

事例19　給与等の支払（マネキンへ支払う外注費）

> 当社は主要な駅において弁当の調理、販売を行っていますが、年に数回か、百貨店の物産展において弁当の調理、販売を行っています。
>
> このような物産展では、マネキン紹介事業者等に手配を依頼して販売員を確保しています。販売員に対して役務の対価として支払った金員については、外注費に計上し、課税仕入れとして仕入税額控除の対象として処理していたところ、税務調査において、この販売員に支払った役務の提供の対価は課税仕入れに該当しないとの指摘を受けました。なぜでしょうか。

● 指摘された問題点

　貴社と販売員の関係は雇用契約の関係にあり、販売員は貴社の使用人として使用者である貴社の指揮命令に服して労務を提供し、この役務の提供の対価として金員が支払われていますから、この金員は給与に該当するため、この役務の提供は課税仕入れから除かれます。

　したがって、販売員に支払われる金員については不課税支出として処理する必要があります。

● アドバイス

　貴社が販売員に支払った金員については、給与等に該当すると認められますので、貴社の課税仕入れとして処理することはできません。

　したがって、外注費として処理したことは誤った処理になりますので、この部分の課税仕入れを減額するとともに、不課税支出を増額して再計算する必要があります。

● 解説

1　給与等を対価とする役務の提供

　消費税法第2条第1項第12号《課税仕入れの意義》の規定におい

て、事業者が、事業として他の者から受ける「給与等を対価とする役務の提供」は、課税仕入れの範囲から除かれています。

　この「給与等を対価とする役務の提供」とは、雇用契約又はこれに準ずる契約に基づき給与等を対価として労務を提供することをいいますが、この場合の給与等には、俸給、給料、賃金、歳費、賞与及びこれらの性質を有する給与のほか、過去の労務の提供に基づき支払われる退職金、年金等も含まれます（基通11-1-2）。

(注) 同一の者に対して支給する対価に、給与に相当する部分と報酬に相当する部分が含まれている場合には、そのうち、報酬部分が課税仕入れに該当することになり、所得税法第28条第1項《給与所得》に規定する給与所得に該当する部分については、課税仕入れに係る支払対価には該当しないということです。

　この場合において、給与所得に該当する部分とその他の部分との区分は、所得税基本通達204－22《外交員又は集金人の業務に関する報酬又は料金》の例によることになります。

2　販売員に支払った金員の取扱い

　販売員に支払った金員は、貴社と販売員との間の雇用契約に基づき、使用者である貴社の指揮命令に服して提供した労務の対価として支給されたものです。したがって、給与等に該当すると認められますので、貴社の課税仕入れには該当しません。

3　事例の対応

　貴社が販売員に支払った金員は、給与に該当しますから、貴社が販売員に支払った対価を外注費として計上したことは誤っており、この対価の額については、給与として不課税支出に計上する必要あります。

事例 20　従業員に対する福利厚生（食事の提供等）

　従業員に対して、次のような食事の供与等をした場合に、それぞれ次のような処理をしていたところ、処理に問題がある旨の指摘を受けました。正しい処理を教えてください。

　① 　外部の特定の食堂と契約して、その食堂で利用できる食券を従業員に販売していますが、食事代のうち一定金額を会社が負担しており、従業員には一定額を差し引いた金額を設定して販売しています。そこで、食堂に支払う分は、食事の購入ですから課税仕入れとして処理し、従業員に対する食券の売上げは非課税となる物品切手等の売上げとして処理しました。

　② 　食事代の補助として従業員に金銭を支給していますが、福利厚生費として課税仕入れの処理をしました。

● 指摘された問題点

①　食堂との契約関係からみて、会社が食堂から食事を仕入れて従業員に販売するものと認められることから、食堂に対する支払を課税仕入れとして処理し、従業員に対しては食事の提供として課税売上げの処理をすべきです。

②　金銭の支給は給与に該当しますから、課税仕入れの処理をすることはできません。

● アドバイス

①　従業員への食券の販売を収益に計上していますから、販売した食券分の売上金額は課税売上げとして処理する必要があります。また、食堂へ支払った食事代相当額は課税仕入れとなります。

②　食事代を金銭で従業員に支給するものは給与となり、課税仕入れには該当しません。なお、現物又は現物を提供するのと同様の対応を検

討すべきと考えます。

● 解説

1　食事の提供等を行う場合の取扱い

　事業者が福利厚生の一環として従業員に対して食事の提供を行う場合があります。このようなときに事業者の負担の仕方にはいくつかの方法が考えられますが、負担の仕方により消費税の取扱いも異なることとなりますので留意する必要があります。

　一般的な負担の仕方には、次の(1)～(5)のようなものがありますが、それぞれの取扱いは次のようになります。

(1)　直営の食堂施設や外部の事業者に運営を委託した食堂（以下「委託食堂施設」といいます。）において従業員に無償で食事を提供する場合には、対価の授受がありませんので資産の譲渡には該当しないことから、消費税の課税関係は生じません。

(2)　直営の食堂施設や委託食堂施設において、従業員から代金を受領して食事を提供する場合には、従業員から受領する食事代金が課税資産の譲渡の対価に該当しますので消費税の課税の対象となります。なお、この場合、その食事代金が一般の市場価格に比べて安い価格になっているかどうかは課税関係に影響はありませんので、実際に食事代金として授受される金額が対価の額になります。

(注)　この(1)及び(2)の場合に事業者が負担することになる直営の食堂施設の維持費用、原材料の購入代金や水道光熱費、委託給食施設の運営費などは課税仕入れになります。ただし、直営の食堂施設の費用のうち施設の従業員に支払う給与は課税仕入れに該当しません。

(3)　外部の特定の食堂と契約し、従業員に対してその食堂で利用できる食券を無償で交付した場合には、従業員との間では対価の授受がないため消費税の課税関係は生じません。

(4)　外部の特定の食堂と契約し、従業員に対してその食堂で利用できる

　食券を一部有償で販売した場合には、従業員から受領した食券の代金が資産の譲渡の対価に該当しますので消費税の課税の対象となります。ただし、従業員から受け取った食券の代金を預り金として処理し、契約食堂に支払う代金の一部に充当している場合には課税の対象とはなりません。

(注)　この(3)及び(4)の場合に事業者が外部の契約食堂に従業員の食事代金の全部又は一部を支払っているときは、その金額は課税仕入れに該当します。ただし、従業員から受領した代金を預り金として処理している場合には、事業者が実際に負担した部分の金額のみが課税仕入れの対象となります。

(5)　従業員に対して食事代として金銭を支給する場合は、食事代を補助するためのものであっても給与に該当しますから、支給する会社の課税仕入れには該当しません。

2　事例の対応

　事例の①の場合は、上記1の(4)の取扱いと同様の内容になりますが、具体的には事業者が従業員から受け取った食券の代金の処理により取扱いも異なることになります。

　従業員から領収する食事代金を預り金として処理している場合には、預り金と処理した部分は課税の対象となりません。この場合には、会社が負担する部分の金額のみが課税仕入れに該当します。

　従業員への食券の販売代金を預り金でなく収益として計上し、契約食堂への支払額全額を費用としている場合には、従業員から領収する代金が課税資産の譲渡等の対価の額に該当し、契約食堂への支払額の全額が課税仕入れに係る支払対価となります。

　また、事例②の場合は、上記1の(5)のとおり金銭による給与に該当しますから、課税仕入れに該当しないことになります。

(注)　外部の契約食堂にとっては、事例①、②ともに、食事代として支払を受ける金額が課税資産の譲渡等の対価となります。

事例21　人材派遣の対価の取扱い

当社は各地に直営店及びフランチャイズ店を展開して美容室を経営していますが、フランチャイズ店に対しては、当社より美容師を派遣して経営方針の指導や技術の指導を行うことによりサービスの均一化を図っているところです。

そこで、美容師の派遣先であるフランチャイズ店から受領する人材派遣料は、派遣者の給与相当額であることから、給与と同様に不課税の収入として処理していたところ、課税の対象になるとの指摘を受けました。正しい処理について教えてください。

● 指摘された問題点

フランチャイズ店から受け取る人材派遣料は、役務の提供の対価であることから、課税売上げとして処理する必要があります。

● アドバイス

労働者の派遣を行った事業者が派遣先から受領する派遣料等は、派遣に係る役務の提供の対価に該当しますから、フランチャイズ店から受領した人材派遣料を課税資産の譲渡等の対価として課税売上げの処理をする必要があります。

● 解説

1　労働者派遣（人材派遣）契約

事業者が事業として対価を得て行う役務の提供は、消費税の課税の対象となりますが、いわゆる人材を派遣して行う役務の提供（労働者派遣；自己の雇用する労働者を、雇用関係を維持したまま、かつ、他の者の指揮命令を受けて、その他の者のために労働に従事させるもので、その他の者と派遣に係る労働者との間に雇用関係のない場合をいいます。）も派遣元の事業

者による派遣先に対する役務の提供であることから、消費税の課税の対象となります。

　労働者の派遣契約に基づいて行うその雇用する従業員等の派遣は、いわゆる使用人の出向とは異なり、派遣を受ける事業者と派遣される労働者との間に雇用関係がないことから、労働者の派遣を行った事業者が派遣を受けた事業者から収受する派遣料は、自己の使用人を出向させたことにより支払を受ける給与負担金には当たらず、労働者の派遣を行った事業者がその派遣を受けた事業者に対して行った役務の提供の対価として収受するものとなりますから、たとえその派遣料の計算根拠が給与計算と同様に行われるものであったとしても給与等には該当しません（基通5-5-11）。

2　労働者の派遣と出向について

　事業者が支出する金銭等が、「出向」に係る「給与等」に該当するか、「労働者の派遣」に係る「派遣料等」に該当するかは、その派遣される労働者とその派遣を受ける事業者との間の雇用関係の有無（事実関係）により判定することとなりますが、この場合の「出向」と「労働者の派遣」との関係は次のようになります。

① 「出向」は、派遣される使用人等が出向元事業者と雇用関係を維持しながら、出向先事業者との間においても雇用関係に基づき勤務する形態をいいます。

② 「労働者の派遣」とは、自己の雇用する労働者を雇用関係の下に、かつ、他の者の指揮命令を受けて、その他の者のために労働に従事させることのうち、その他の者と労働者との間に雇用関係がない場合をいいます。

3　事例の対応

　労働者の派遣を行った事業者が派遣先から受領する派遣料等は、派遣

に係る役務の提供の対価に該当します。

　したがって、派遣を行う事業者である貴社においては、課税資産の譲渡等の対価として課税売上げの処理を行う必要があります。

事例22　出向派遣社員に係る給与負担金等の取扱い

当社では、新製品の開発及び製造を開始する際には、親会社から出向契約に基づいて派遣される親会社社員により指導を受けています。その際、親会社に対して派遣社員の給料に相当する金額を給与負担金として支払うほか、旅費、通勤費、日当などの実費を支払うこととしています。親会社はそれをそのまま派遣社員に支給しています。

この場合、当社が負担する給与負担金は当社としては出向社員から受ける指導の対価と考えており、課税仕入れとして処理するとともに、旅費、通勤費、日当などの実費相当額についても、当社の課税仕入れとして処理していましたが、税務調査において誤りを指摘されています。どのような取扱いとなるでしょうか。

● 指摘された問題点

旅費、通勤費、日当などの実費相当額について、通常必要な範囲において課税仕入れとして処理したことは正しい処理ですが、給与負担金については、給与として不課税の支出の処理を行う必要があります。

● アドバイス

事例の場合は、親会社による経営指導という側面はあるものの、出向契約に基づいて親会社の社員の派遣を受けるということですから、出向先事業者の貴社が支払う給与負担金については、その出向社員の労務の提供に対する実質的な対価として支払っていると認められますので、貴社がその出向社員に対して給与を支給したものとして不課税の処理をする必要があります。

なお、貴社において旅費等について課税仕入れとして処理することは問題ありませんが、出向元の親会社においてこの旅費等を受領した場合は、預り金として処理することになります。

● **解説**

1　出向先事業者が支出する給与負担金の取扱い

　社員を他の事業者へ出向させる場合のその出向社員の給与は、出向元事業者から支給される場合と出向先事業者から支給される場合があるようですが、出向元事業者から支給される場合には、その出向社員は出向元事業者との間において雇用関係が維持されていても、現実にはその労務は出向先事業者に対して提供されていますから、出向元事業者が支給する給与相当額は負担金等の名目で出向先事業者から支出されていることが多いと思われます。

　この場合の出向先事業者から支出される出向社員の給与相当額は、たとえ負担金等の名目で支出されていても、その出向社員の労務の提供に対する実質的な対価とみるべきですから、出向先事業者がその出向者に対して給与を支給したものと考えられます。

　したがって、出向先事業者が出向社員の給与相当額を負担金等の名目で出向元事業者に対して支出している場合であっても、その支出した金額は、出向先事業者においてその出向社員に対して給与を支給したものとして取り扱われます（基通5-5-10）。

　ところで、出向社員の給与を出向元事業者が支給することとしている場合の出向先事業者が出向元事業者に支出する金額は、必ずしも実費精算という形で行われているとは限らず、例えば、売上高の何％という基準で計算されて「経営指導料」等の名目で負担金が授受されることも考えられますが、この取扱いは、出向先事業者が実質的に給与負担金の性質を有する金額を「経営指導料」等の名目で支出する場合にも適用されることとされていますので注意を要します（基通5-5-10（注））。

2　出向社員の旅費等の取扱い

　事業者がその使用人に支給する出張旅費、宿泊費、日当等のうち、その旅行について通常必要であると認められる部分の金額は、事業者の課

税仕入れに係る支払対価に該当するものとして取り扱われています（基通11-2-1）。また、事業者が使用人に支給する通勤手当のうち、その通勤者がその通勤に必要な交通機関の利用又は交通用具の使用のために支出する費用に充てるものとした場合に、その通勤に通常必要であると認められる部分の金額は、事業者の課税仕入れに係る支払対価に該当するものとして取り扱われています（基通11-2-2）。

　出向社員についても、出向先事業者から旅費、通勤費、日当など（旅費等）の実費部分を給与とは区別して親会社に支払われる場合、これらの旅費等は出向先事業者である子会社の事業の遂行上必要なものですから、その支払は出向先事業者の課税仕入れに該当することになります。

　なお、旅費などの実費相当額の支払を受ける出向元事業者である親会社においては、派遣社員に支給すべき旅費、日当に相当する金額を預かり、それをそのまま派遣社員に支払うこととなりますから、預り金の処理を行うことになるため、課税の対象とはならないことになります。

3　事例の対応

　親会社の社員が他の子会社に出向した場合において、その出向した社員に対する給与を出向元の親会社において支給することとしているため、出向先の子会社が自己の負担すべき給与に相当する金額を出向元の親会社に支出したとき、その給与負担金は、出向先の子会社におけるその出向社員に対する給与として取り扱われます。

　事例の場合、出向元の親会社による経営指導の側面はあるものの、出向先の子会社においては、その出向社員の労務の提供に対する実質的な対価として支払っているものと認められますから、出向先の子会社（貴社）がその出向社員に対して給与を支給したものとして不課税の処理をする必要があります。

　また、旅費等については、旅費及び通勤費として通常必要な範囲において、出向先の子会社（貴社）の課税仕入れとして処理することができ

ます。

　なお、出向元の親会社においては、この旅費等を貴社から受領する場合には預り金として処理することになります。

事例23　クレジット取引の加盟店手数料

　当社は、雑貨類の小売業を営んでいますが、クレジットカード利用による売上げについて、クレジットカード会社との決済に当たり、決済金額に応じた加盟店手数料が差し引かれて売上代金がクレジットカード会社から支払われます。この加盟店手数料は役務の提供の対価に該当すると判断して課税仕入れとして処理しました。ところが、税務調査において、この処理は誤っているとの指摘を受けましたが、どのような取扱いになりますか。

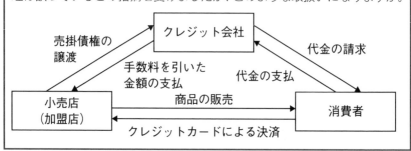

● 指摘された問題点

　いわゆる加盟店手数料は、クレジット会社の加盟店からの金銭債権の譲受けの対価となり、消費税は非課税となることから、課税仕入れとして仕入税額控除の対象とすることはできません。

● アドバイス

　クレジット会社に対する加盟店手数料は、クレジット会社に譲渡した売掛債権と譲渡代金として受け取る金額の差額に相当しますが、これはクレジット会社の金銭債権の譲受けの対価であることから非課税となり、譲渡した加盟店においては非課税仕入れということになり、課税仕入れには該当しないことから、仕入税額控除の対象にはならないことになります。

● **解説**

1　クレジット会社と加盟店（小売店）の間の取引

一般に、クレジット会社と加盟店の間の取引は次のようになります。

①　加盟店はクレジット会社に対して売掛債権を譲渡することになりますが、その売掛債権の譲渡は金銭債権の譲渡として非課税となります（令9①四）。

　なお、この売掛債権の譲渡について課税売上割合を計算する際の留意点として、消費税法施行令第48条第2項では、「第9条第1項第4号に掲げる金銭債権のうち資産の譲渡等を行った者が当該資産の譲渡等の対価として取得したものの譲渡」は課税売上割合の分母の金額に含まないとされています。したがって、このクレジット取引における売掛債権の譲渡は、資産の譲渡等を行った加盟店によるその対価である売掛債権の譲渡となりますから、加盟店の課税売上割合を計算する際には、分母の金額に加算する必要はありませんので注意を要します。

②　クレジット会社は、加盟店の売掛債権について加盟店手数料を差し引いた金額で譲り受けるものですが、その金銭債権の譲受けの差益又は立替払いに係る差益は利子を対価とする資産の貸付けに類するものとして非課税となります（令10③八）。

2　クレジット会社と消費者の間における取引

クレジット会社が消費者から受領する金銭については、加盟店から譲り受けた売掛債権の回収によるものにすぎませんから、資産の譲渡等の対価に該当せず、課税の対象にはなりません。

3　事例の対応

クレジット会社に対する加盟店手数料は、クレジット会社に譲渡した売掛債権の額と譲渡代金として受け取る金額の差額に相当しますが、こ

れは上記1の②のとおり、金銭債権の譲受けの対価であることからクレジット会社の非課税売上げとなり、譲渡した加盟店においては非課税仕入れということになります。

　したがって、加盟店における課税仕入れには該当しないことから、仕入税額控除の対象にはなりません。

　ちなみに、加盟店の売掛債権の譲渡代金は加盟店の非課税売上げになりますが、上記1の①において説明したとおり、資産の譲渡等を行った加盟店によるその対価である売掛債権の譲渡となりますから、加盟店の課税売上割合を計算する際に、その譲渡対価を分母の金額に加算する必要はありません。

事例 24　役員に支給する渡し切り交際費

　当社では、営業活動の強化のため、役員に毎月一定額の交際費を支給しています。この交際費は基本的に取引先等に対する飲食の接待に使用していると役員から聞いているため、全額課税仕入れとして処理していますが、このような交際費の支給は課税仕入れとならないとの指摘を受けました。どのようにすればよいでしょうか。

● 指摘された問題点

　精算を行わない渡し切りの交際費は、費途が明らかでないものとして、支給を受けた役員に対する給与として取り扱われ、課税仕入れには該当しません。

● アドバイス

　事例の役員に支給する交際費は、法人において精算されていませんので、費途が明らかでないものとして支給を受けた役員の給与として取り扱われます。このため、課税仕入れには該当せず、仕入税額控除の対象となりません。

　課税仕入れとして仕入税額控除の対象とするためには、支給した金銭について精算して支出の事実及び法人の業務に関連する費用であることを明らかにする必要がありますので注意を要します。

● 解説

1　渡し切り交際費の取扱い

　役員等に毎月一定額の機密費、招待費、交際費、旅行費等の名目で金銭を支給した場合には、精算が行われた段階でその費途に応じた会計処理を行わなければなりません。しかし、支給したまま精算されず費途が不明の場合や精算はされたが法人の業務に関係がない支出がある場合に

は、支給を受けた者が任意に処分することができるもの又は任意に処分
したものですから、その精算されず費途が不明である部分の金額及び精
算された金額のうち法人の業務に関係がない部分の金額は、法人税等に
おいては、給与として取り扱われるとともに、交際費等には含まれない
ものとして取り扱われます。

　消費税においては、給与等を対価とする役務の提供は課税仕入れに該
当しないこととされています（法2①十二）。また、たとえ支出した金
銭が本来課税仕入れに該当するとしても、仕入税額控除を受けるために
は課税仕入れに係る帳簿及び請求書等（仕入先の氏名又は名称、仕入年月
日、仕入内容、仕入金額等の記載があるもの）の保存が必要です。したが
って、この点からも精算が行われないものは課税仕入れとはならず、仕
入税額控除の対象にならないということになります。

2　事例の対応

　事例の場合、役員に対して毎月一定額を交際費として金銭を支給して
いますが、法人において精算していませんので、その支給した金銭は費
途が明らかでないものとして、支給を受けた役員に対する給与として取
り扱われます。したがって、課税仕入れには該当しないことになります
ので、仕入税額控除の対象となりません。

　なお、課税仕入れとして仕入税額控除の対象とするためには、支給し
た金銭について精算をして、支出の事実及び法人の業務に関連する費用
であることを帳簿及び請求書等により明らかにする必要があります。

事例 25　建設仮勘定

> 当社では本社ビルを新築することとなり、まもなく完成する予定となっています。本社ビル建設に伴い支払った経費は、建設仮勘定で経理していますが、前課税期間において支払った手付金及び中間金を課税仕入れとして仕入税額控除の対象として処理したところ、その処理は誤っている旨の指摘を受けました。どのような処理になりますか。

● 指摘された問題点

　仕入税額控除は、課税仕入れを行った課税期間において行うこととされており、課税仕入れを行った日とは、資産の譲受け、借受けをした日又は役務の提供を受けた日となります。手付金や中間金を支払った日の属する課税期間においては、建物の引渡しを受けていないことから、資産の譲渡等が行われていないことになります。その手付金や中間金は完成時においては建設工事の対価の一部となるものですが、手付金や中間金を支払った日の属する課税期間の課税仕入れにはならず仕入税額控除の対象とはなりません。

● アドバイス

　建設仮勘定に計上したものであっても、個々の取引について、課税仕入れとなるかどうかの区分を確実に行う必要がありますので、注意を要します。

　また、この区分が困難である場合には、消費税法基本通達 11-3-6《建設仮勘定》において認められている、物の引渡しや役務の提供又は一部が完成したことにより引渡しを受けた部分をその都度課税仕入れとしないで、工事の目的物のすべての引渡しを受けた日の属する課税期間における課税仕入れとして処理する方法も検討してはどうかと思われます。

● 解説

1　課税仕入れ等の時期

　消費税法 30 条 1 項 1 号《仕入れに係る消費税額の控除》に規定する「課税仕入れを行った日」とは、課税仕入れに係る資産を譲り受け、借り受け、又は役務の提供を受けた日をいいますが、原則として、資産の譲渡等の時期に準ずることとされています（基通 11-3-1）。

　そこで、請負による資産の譲渡等の時期は、原則として、物の引渡しを要する請負契約にあってはその目的物の全部を完成して相手方に引き渡した日、物の引渡しを要しない請負契約にあってはその約した役務の全部を完了した日とされています（基通 9-1-5）。

　したがって、目的物の引渡しを要する建設工事に係る資産の譲渡等の時期は、建設した建物を引き渡したときということになり、引き渡しを受ける発注者にとっては、引渡しを受けた日が課税仕入れを行った日ということになります。

2　建設仮勘定に係る仕入税額控除

　建設工事の場合は、通常、工事の発注から完成引渡しまでの期間が長期に及びます。そのため、一般的に、工事代金の前払金又は部分的に引渡しを受けた工事代金や設計料、資材購入費等の経費の額をいったん建設仮勘定として経理し、これを目的物の全部が引き渡されたときに固定資産などに振り替える処理を行っています。

　しかし、消費税法においては、建設仮勘定に計上されている金額であっても、原則として、物の引渡しや役務の提供があった日の課税期間において課税仕入れに係る消費税額の控除を行うことになりますから、その設計料に係る役務の提供や資材の購入等の課税仕入れについては、その課税仕入れを行った日の属する課税期間において仕入税額控除の対象とすることになります。

　また、物の引渡しや役務の提供を受ける前に対価となる金銭を支払

い、建設仮勘定に計上したとしても、それは物の引渡しや役務の提供を受ける前に支払われる前払金的なものですから、課税仕入れとはならず仕入税額控除の対象とすることはできません。

　なお、建設仮勘定として経理した課税仕入れについて、物の引渡しや役務の提供又は一部が完成したことにより引渡しを受けた部分をその都度課税仕入れとしないで、工事の目的物のすべての引渡しを受けた日の属する課税期間における課税仕入れとして処理する方法も認められます（基通11-3-6）。

3　事例の対応

　上記1のとおり、仕入税額控除は、課税仕入れを行った課税期間において行うこととされており、課税仕入れを行った日とは、資産の譲受け、借受けをした日又は役務の提供を受けた日となりますから、減価償却資産や棚卸資産であっても、これらの課税資産等を取得した日の属する課税期間においてその全額を控除の対象にすることになります。

　事例については建設仮勘定の経理処理を行う場合の仕入税額控除の適用の可否が問題となるものですが、手付金及び中間金の支払は契約条項に基づいて支払われるものではあるものの、建設工事代金の一部について建物の引渡しを受ける前に支払われる前払金的なものであって、支払った時点においては、課税仕入れに係る支払対価とは認められませんから、仕入税額控除の対象とはなりません。

　このため、前払金的な支出金額について、建設工事に係る建物の（全部又は一部の）引渡しを受けるまで、区分して管理する必要が生じますが、この管理が難しい場合には、上記2なお書の取扱いにより、工事の目的物のすべての引渡しを受けた日の属する課税期間の課税仕入れとして処理する方法を検討する必要があります。

事例26　95％ルールの適用要件（課税期間における課税売上高）

> 当社は事務用品のメーカーですが、ここ数年はおおむね5億円前後の課税売上げで推移しています。今期、倉庫を売却しましたが、売却損が生じたため、倉庫の譲渡対価を今期の課税売上げに含めていませんでした。このため、当期の課税売上高が5億円を超えることとなったにもかかわらず、95％ルールを適用して仕入控除税額の計算（全額控除）を行いましたが、税務調査において、誤りを指摘されています。正しい処理について教えてください。

● 指摘された問題点

　今期の課税売上高が5億円を超えており、95％ルールを適用することはできませんから、個別対応方式又は一括比例配分方式により仕入控除税額を計算する必要があります。

● アドバイス

　仕入控除税額の計算に当たっては、その課税期間の課税売上高が5億円を超えるか否かが重要なポイントとなりますので、課税売上高が5億円前後である事業者は、今期の課税売上高の算定に当たって、通常の商品などの売上げのみでなく、特に、雑収入や固定資産の売却損益等の勘定科目の中の売却金額についてもよく確認する必要があります。

● 解説

1　仕入税額控除について

　その課税期間の課税売上高が5億円以下で課税売上割合が95％以上の事業者については、課税仕入れ、特定課税仕入れ及び保税地域から引き取った課税貨物（以下「課税仕入れ等」といいます。）の税額の全額が仕入税額控除の対象となります（法30①）。

（注）　課税売上割合が95％以上である場合には、当分の間、その課税期間中に国内において行った特定課税仕入れはなかったものとされます。

　また、課税期間の課税売上高が5億円を超える事業者又は課税売上割合が95％未満の事業者については、課税仕入れ等の税額の全額を控除することはできず、課税資産の譲渡等に対応する課税仕入れ等の税額についてのみ控除の対象となります（法30②）から、この場合には、個別対応方式と一括比例配分方式のいずれかの計算方法により、控除税額を計算することになります。

　したがって、その課税期間の課税売上高が5億円を超えるか否かが重要なポイントとなります。

2　事例の対応

　事例のように、5億円前後の課税売上高がある事業者は、今期の課税売上高の算定に当たって、商品などの売上げのみでなく、特に、雑収入や固定資産の売却損益等の勘定科目中に課税売上げとなる収入があるかどうか、よく確認する必要があります。

　なお、事業者免税点や簡易課税制度の場合、その課税期間開始前にその適用の有無について判定しておく必要があるため、基準期間における課税売上高により適用の有無の判定をすることとされているのに対して、95％ルールの適用の有無については、そのような事情にないことから、その課税期間の課税売上高によって判定することとされていますので留意が必要です。

事例27　建設業者等の支払う土地造成費等

　当社は不動産業を営んでいますが、仕入控除税額を計算するに当たっては、個別対応方式を採用しています。

　ところで、次のような土地造成費、仲介手数料については、土地の譲渡に係るもの、建物の譲渡に係るもの、更に土地及び建物の譲渡に係るものなどがあることから、すべて課税売上げと非課税売上げに共通して要する課税仕入れとして処理していました。

　①　売買のために仕入れた土地の仲介手数料、土地造成費

　②　土地のみを売却した際の仲介手数料

　③　仕入れた土地に建物を建築し、土地付建物で販売する際に要した仲介手数料

　ところが、税務調査において、処理が誤っている旨の指摘を受けましたが、どのような取扱いになるのでしょうか。

● 指摘された問題点

　仕入控除税額の計算に当たって、個別対応方式を採用する場合、非課税となる土地の譲渡に供するために購入する土地に係る仲介手数料及び土地の造成費並びに土地を譲渡する際の仲介手数料は非課税売上げにのみ要する課税仕入れとなりますから、事例の①及び②は非課税売上げにのみ要する課税仕入れとして処理する必要があります。

　事例の③の仲介手数料は、建物及び土地の譲渡に要する課税仕入れということになりますから、現在の処理が正しいことになります。

● アドバイス

　事例のうち①売買のために仕入れた土地の仲介手数料、土地造成費、及び②土地のみを売却した際の仲介手数料については、非課税となる土地の譲渡にのみ要する課税仕入れということになりますから、非課税売

上げにのみ要する課税仕入れとして処理する必要があります。

　また、③の仕入れた土地に建物を建築し、土地付建物で販売する際に要した仲介手数料については、非課税となる土地の譲渡と課税資産の譲渡等となる建物の譲渡に共通して要する課税仕入れとなるため、現在の処理で差し支えありません。

　いずれにしても、個別対応方式を採用する場合には、課税仕入れ等の税額について税法が求める三区分について、適正に区分されている必要がありますので注意を要します。

● **解説**

1　課税資産の譲渡等にのみ要するもの

　仕入税額控除の基本的な考え方として、その課税期間中に行った資産の譲渡等のうちに課税資産の譲渡とその他の資産の譲渡等がある場合には、仕入税額控除の対象となるのは課税資産の譲渡等に対応する課税仕入れ等の税額のみということですが、課税仕入れ等について、①課税資産の譲渡等にのみ要するもの、②課税資産の譲渡等以外の資産の譲渡等にのみ要するもの、及び③課税資産の譲渡等とその他の資産の譲渡等に共通して要するものに明確に区分（以下「用途区分」といいます。）されている場合には、いわゆる個別対応方式を採用することができます（法30②一）。

　ここでいう「課税資産の譲渡等にのみ要するもの」とは、消費税法基本通達において、「課税資産の譲渡等を行うためにのみ必要な課税仕入れ等をいい」とされており、その課税仕入れ等の具体例として次のものが示されています（基通11-2-12）。

　イ　そのまま他に譲渡される課税資産

　ロ　課税資産の製造用にのみ消費し、又は使用される原材料、容器、包紙、機械及び装置、工具、器具、備品等

　ハ　課税資産に係る倉庫料、運送費、広告宣伝費、支払手数料又は支

払加工賃等

　また、その課税仕入れ等が課税資産の譲渡等にのみ要するものに該当するかどうかは、課税仕入れ等を行ったときに判定しますから、課税仕入れ等を行ったときに課税資産の譲渡等にのみ要するものとした判定が合理的であれば、結果的に課税資産の譲渡等にのみ要するものでなくなったとしても、調整対象固定資産の場合を除いてさかのぼって仕入控除税額を修正する必要はないことになります。

> ※　「調整対象固定資産」とは、建物、構築物、機械及び装置、船舶、航空機、車両及び運搬具、工具、器具及び備品、鉱業権その他の資産でその税抜価額が100万円以上のものをいい、取得した後の課税期間において、課税売上割合が著しく変動した場合や用途区分を変更した場合に一定の方法により仕入控除税額を調整することとされています。

2　課税資産の譲渡等以外の資産の譲渡等にのみ要するもの

　「課税資産の譲渡等以外の資産の譲渡等にのみ要するもの」とは、基本通達において「課税資産の譲渡等以外の資産の譲渡等にのみ要するものとは、法第6条第1項《非課税》の規定により非課税となる資産の譲渡等を行うためにのみ必要な課税仕入れ等をいい」とされています。また、その典型例として、販売用の土地の造成に係る課税仕入れ、賃貸用住宅の建築に係る課税仕入れが示されており、その他の具体的な例としては次のようなものがあります。

　イ　販売用の土地の取得に係る仲介手数料
　ロ　土地の譲渡に係る仲介手数料
　ハ　有価証券の売買手数料（売却時、購入時とも）
　ニ　住宅の賃貸に係る仲介手数料

3　個別対応方式における土地造成費等の取扱い

　土地造成費及び土地売買仲介手数料に係る課税仕入れについて具体的

に検討すると、個別対応方式を採用する場合の用途区分の判定は課税仕入れを行ったときに行うことになりますから、その仕入れのときにおける土地の利用目的に応じて、次のように、①課税売上用、②非課税売上用及び③課税売上・非課税売上共通用に区分することになります。

なお、課税仕入れを行った課税期間の末日までに、使用目的が定まっていないときは、課税売上・非課税売上共通用として取り扱うことになります。

課税仕入れを行ったときの土地の利用目的	用途区分		
	①課税売上用	②非課税売上用	③課税売上・非課税売上共通用
土地として譲渡する場合		○	
自社ビルの建設をする場合			
事業者が課税売上げのみの業務を行っている場合	○		
事業者が非課税売上げのみの業務を行っている場合		○	
事業者が課税、非課税売上げ双方の業務を行っている場合			○
貸しビルの建設をする場合	○		
分譲マンション（土地付）を建設して譲渡する場合			○

4　事例の対応

事例のうち①売買のために仕入れた土地の仲介手数料、土地造成費、及び②土地のみを売却した際の仲介手数料は、非課税となる土地の譲渡にのみ要する課税仕入れに該当しますから、その用途区分は課税資産の譲渡等以外の資産の譲渡等にのみ要する課税仕入れ、つまり非課税売上用になります。

また、③仕入れた土地に建物を建築し、土地付建物で販売する際に要

した仲介手数料については、非課税となる土地の譲渡と課税資産の譲渡等となる建物の譲渡に共通して要するものですから、その用途区分は、課税売上げ・非課税売上げ共通用に該当するものとして処理する必要があります。

事例 28　転売目的で購入する現住建物の取得費の個別対応方式における用途区分

当社は不動産業を営む法人ですが、優良物件である賃貸マンションについて、棚卸資産として管理した後、短期間のうちに転売する予定で一棟買いしました。マンションは6か月後に販売しましたが、購入時同マンションには賃借人が居住していたため、転売までの間は月々の家賃収入が生じている状況にありました。このマンションの取得費については、転売用として購入したものですから、その課税仕入れ等の用途区分を「課税売上げにのみ要するもの」として処理し、全額控除対象としたところですが、税務調査において誤りを指摘されています。正しい処理を教えてください。

● **指摘された問題点**

このマンションの取得に係る課税仕入れについては、建物を短期間で譲渡する目的で取得し、棚卸資産として管理している場合であっても、現実に収受する非課税となる家賃収入がある以上は、「課税売上げと非課税売上げに共通して要するもの」に区分する必要があります。

● **アドバイス**

このマンションについては、短期間で譲渡する目的で取得し、棚卸資産として管理している場合であっても、取得時に現に居住者がいて、非課税となる家賃収入がある以上、賃貸マンションの取得費に係る課税仕入れについては、「課税売上げと非課税売上げに共通して要するもの」に区分することとなります。

したがって、このマンションの取得に係る課税仕入れについては、「課税売上げと非課税売上げに共通して要するもの」に区分し直して、仕入控除税額を再計算する必要があります。

● 解説

1　個別対応方式の適用

　その課税期間の課税売上高が5億円を超える場合、又は課税売上割合が95％未満である場合には、仕入控除税額の計算に当たっては、個別対応方式又は一括比例配分方式によることとなります。

　また、その課税期間中に行った資産の譲渡等のうちに課税資産の譲渡等とその他の資産の譲渡等がある場合には、仕入税額控除の対象となるのは課税資産の譲渡等に対応する課税仕入れ等の税額についてのみということになりますが、課税仕入れ等について、①課税資産の譲渡等にのみ要するもの、②課税資産の譲渡等以外の資産の譲渡等にのみ要するもの、及び③課税資産の譲渡等とその他の資産の譲渡等に共通して要するものに明確に区分されている場合には、仕入控除税額の計算方法としていわゆる個別対応方式が採用できることとされています（法30②一）。

2　課税資産の譲渡等にのみ要するもの

　個別対応方式により仕入控除税額を計算する場合の用途区分としての「課税資産の譲渡等にのみ要するもの」とは、課税資産の譲渡等を行うためにのみ必要な課税仕入れ等であって、課税資産の譲渡等を行うために要したものではありません。したがって、その課税期間中に課税資産の譲渡等が行われていないとしても、そのことをもって仕入税額控除が認められないというものではありません。

　「課税資産の譲渡等にのみ要するもの」とは、例えば、次に掲げるものの課税仕入れ等がこれに該当します（基通11-2-12）。

　①　そのまま他に譲渡される課税資産

　②　課税資産の製造用にのみ消費し、又は使用される原材料、容器、包紙、機械及び装置、工具、器具、備品等

　③　課税資産に係る倉庫料、運送費、広告宣伝費、支払手数料又は支払加工賃等

3　課税仕入れ等の用途区分の判定時期

　個別対応方式により仕入控除税額を計算する場合において、上記1のとおり課税仕入れ等について用途ごとに区分する必要があります。

　この課税仕入れ等の用途区分は、その課税仕入れ等がこれらの用途のうちのいずれの用途に「要するもの」であるかを判定するものであり、課税仕入れを行った日又は課税貨物を引き取った日の状況により行うことが原則となります。

　また、課税仕入れを行った日又は課税貨物を引き取った日において、その区分が明らかでないこともありますが、その場合で、その日の属する課税期間の末日までに、その区分が明らかにされた場合は、その明らかにされた区分によって個別対応方式による仕入税額控除の計算を行っても差し支えないこととされています。

4　個別対応方式における用途区分

　個別対応方式における用途区分は、その課税仕入れがあった時の目的に沿って判定しますが、その課税仕入れがあった時点において事業者の課税仕入れの目的とは別に非課税収入が生じる場合は、現実に収入が生じる以上、それが本来の目的外の収入であっても、それも課税仕入れの用途区分の判定要素となることとなります。

　したがって、現に居住者のいる建物を購入し、短期間で譲渡する目的で取得して棚卸資産として管理している場合であっても、現実に収受する非課税となる家賃収入がある以上は、賃貸マンションの取得費に係る課税仕入れについては、「課税売上げと非課税売上げに共通して要するもの」に区分することとなります。

5　事例の対応

　事例の場合は、このマンションの取得に係る課税仕入れを「課税売上げにのみ要するもの」に区分して、全額控除対象としたとのことです

が、この課税仕入れについては、「課税売上げと非課税売上げに共通して要するもの」に区分し直して、仕入控除税額を再計算する必要があります。

〔参考〕

　事例のケースと類似する例として、当初分譲用に購入した住宅（取得時に居住者がいない空の住宅）について、その後、諸般の事情により一時期賃貸用に供するようなケースがあります。

　このようなケースにおいては、分譲目的で購入したものの分譲までに相当の期間が見込まれることが判明したため、一部を分譲されるまでの期間賃貸に供することとしたものと認められますから、結果的に一時期賃貸される部分を含めて、購入時の課税期間においては、購入した分譲住宅の全体に係る消費税額を「課税売上げにのみ要するもの」として取扱って差し支えないものと考えられます。

事例 29　第三者が行った輸入申告に基づく仕入税額控除

　当社は雑貨類の卸売等を行う法人です。前事業年度から輸入雑貨の取扱いを開始しましたが、輸入した商品については、国内配送を依頼した運送業者に輸入申告等の輸入手続も併せて依頼しました。運送業者名義で輸入申告した課税貨物に係る消費税については、当然のことながら当社が負担したことから、当社において仕入税額控除の対象として処理しました。

　ところが、税務調査において、当社で仕入税額控除を行うことは誤った処理であるとの指摘を受けました。正しい処理はどうなりますか。

● **指摘された問題点**

　保税地域からの引取りに係る消費税の納税義務者は、輸入申告書の名義人であり、仕入税額控除を行えるのもその名義人ということになりますから、運送業者の名義により輸入申告されている場合は、貴社において仕入税額控除の対象とすることはできません。

● **アドバイス**

　保税地域から引き取った課税貨物に係る消費税額について仕入税額控除を受けるべき事業者は、課税貨物を引き取った者、すなわち輸入申告を行った者になりますから、課税貨物に係る消費税の仕入税額控除は運送業者においてのみ行うことができることとなります。したがって、貴社の確定申告に際して、その課税貨物に係る消費税を仕入税額控除の対象とすることはできません。

　しかしながら、輸入する者が貴社である申告を行う場合で、単に輸入手続を運送業者に代行させる場合には、輸入申告の名義人である貴社においてその引取りに係る消費税を仕入税額控除の対象とすることとなります。

● 解説

1　保税地域から引き取られる外国貨物の納税義務者

　保税地域から引き取られる外国貨物に係る納税義務者は、その外国貨物を保税地域から引き取る者であり（法5②）、関税法における「輸入者」とその範囲を同じくしています。この場合の「輸入者」とは、貨物を輸入する者すなわち輸入申告書に記載された名義人をいうこととなりますから、輸入申告の名義人が輸入物品の引取りに係る消費税の納税義務者ということになります。

2　引取りに係る消費税の仕入税額控除

　輸入申告の名義人が納税義務者になるわけですから、引取りに係る消費税について仕入税額控除の対象とすることができるのは、いわゆる「限定申告」などの場合を除いて、輸入申告の名義人ということになります。

(注)「限定申告」の場合には、一定の要件に該当することを条件に、商社等の実質的な輸入者がその課税貨物を保税地域から引き取ったものとして消費税法第30条から第36条《仕入れに係る消費税額の控除等》の規定を適用できることとされています。

3　事例の対応

　消費税の仕入税額控除の対象となるのは、国内において行う課税仕入れのほか、保税地域からの課税貨物の引取りがあります。この保税地域から引き取った課税貨物に課された又は課されるべき消費税額について仕入税額控除を受けるべき事業者は、上記2のとおりその課税貨物を引き取った者、すなわち輸入申告を行った者になります（法30）。したがって、課税貨物に係る消費税の仕入税額控除は運送業者においてのみ行うことができることとなるため、貴社の確定申告に際して、その課税貨物に係る消費税を仕入税額控除の対象とすることはできないということ

になります。

（注）輸入をした者が輸入者となる輸入申告で、単にその手続を運送業者に代行さ
　　せる場合には、運送業者ではなく輸入をした者が、その引取りに係る消費税を仕
　　入税額控除の対象とすることとなります。

〔参考〕

　事例の場合において、運送業者からの請求金額が、配送料として輸入
時の消費税を含めた金額での請求となっている場合には、その消費税相
当額を含めた支払金額全額が課税仕入れとなります。

（簡易課税制度関係の誤り）

事例30　製造問屋の事業区分

　当社は、婦人服、子供服などの卸売を行っていますが、事業の内容としては、取扱商品はすべて当社オリジナルで、商品の企画やデザインを当社で行い、実際の縫製等は原材料を支給して外注しています。また、当社では、消費税の申告に当たって、簡易課税制度を適用していますが、自社で直接縫製等をしないこと、納入先が事業者であることなどから、卸売業と判断して卸売業のみなし仕入率を適用していました。

　ところが、先日、税務調査があり、当社は製造業に当たるから、卸売業として処理することはできないとの指摘を受けました。どのようになるでしょうか。

● **指摘された問題点**

　貴社が行う事業は、いわゆる「製造問屋」に該当し、第3種事業として仕入控除税額を計算する必要があります。

● **アドバイス**

　いわゆる「製造問屋」としての事業は、製造業として取り扱われますから、貴社が行う事業は第3種事業として仕入控除税額を計算する必要があります。

　なお、将来、仕入れ商品を取り扱うこととなる場合には、仕入れ商品の販売は卸売業である第1種事業に該当します。また、仕入れ商品を小売りする場合には、この販売は小売業である第2種事業に該当します。この場合には、卸売業、小売業及び製造業とでは、それぞれみなし仕入率が異なってくることになりますから、オリジナル商品の販売と仕入れ

商品に係るそれぞれの販売と明確に区分して処理する必要がありますので、注意を要します。

● 解説

1　卸売業の範囲

　簡易課税制度は、事業者が営む事業の課税売上げを第1種事業から第6種事業までに区分して各種事業ごとに定められた控除割合（みなし仕入率）を用いて仕入控除税額を計算するものです。このうち、第1種事業の卸売業は、「他の者から購入した商品をその性質及び形状を変更しないで他の事業者に対して販売する事業」をいうこととされています（令57⑥）。また、ここにいう「性質及び形状を変更しないで販売する」とは、他の者から購入した商品をそのまま販売することをいうとされています（基通13-2-2）。

　したがって、仕入れた商品をそのまま販売する事業以外となる場合は卸売業には該当しないことになります。

2　製造業等に含まれる範囲

　第3種事業に該当する製造業の判定は、おおむね「日本標準産業分類」によることとされていますが、次の事業は第3種事業に該当するものとして取り扱われています（基通13-2-5）。

①　自己の計算において原材料等を購入し、これをあらかじめ指示した条件に従って下請加工させて完成品として販売する、いわゆる製造問屋としての事業

②　自己が請け負った建設工事の全部を下請に施工させる建設工事の元請としての事業

③　天然水を採取して瓶詰等して人の飲用に販売する事業

④　新聞、書籍等の発行、出版を行う事業

これらはいずれも日本標準産業分類の製造業や建設業に含まれない事

業ですが、簡易課税制度の事業区分においては、他の事業とのバランス及び課税仕入れの実態等を考慮して第3種事業に該当するものとして取り扱うこととされているものです。

※　「日本標準産業分類」とは、総務省が定める「事業所」を経済活動別に分類するためのものです。

3　事例の対応

　事例の場合は外注により製造した商品の卸売を行うとのことですから、「他の者から購入した商品をその性質及び形状を変更しないで」販売するものには該当しません。また、上記2の①のとおり、自己の計算において原材料等を購入し、これをあらかじめ指示した条件に従って下請加工させて完成品として販売する、いわゆる「製造問屋」としての事業は、製造業として取り扱われます。

　貴社が行う事業は、婦人服などのオリジナル商品の企画やデザインを自ら行って、実際の縫製等の作業は原材料を支給した上で外注により製品に仕立て、これを取引先に販売しているものと認められます。これは、いわゆる「製造問屋」としての事業に当たりますから、第3種事業に該当し、第3種事業として仕入控除税額を計算する必要があります。

事例 31　加工賃を対価とする役務の提供を行う事業の事業区分

当社は印刷業を営む事業者であり、チラシやパンフレットのような販売促進のための宣伝用の印刷物の印刷を行うほか、お客様からの要望に応じてはがきの印刷も行っています。この場合、お客様からはがきの支給を受けてこれに印刷をして印刷代金を受領する場合もあります。印刷業は第3種事業に該当するので、これらのはがき印刷代金も含めてすべて第3種事業として処理していました。ところが、税務調査において次のような指摘を受けました。どのような取扱いになっているのでしょうか。

● **指摘された問題点**

印刷業自体は第3種事業となりますが、客からはがきの支給を受けて行う印刷は、他の者の原材料又は製品等に加工等を施して、加工等の対価を受領する役務の提供に当たりますので、第4種事業となります。

● **アドバイス**

指摘された内容のとおり、自らの原材料等を用いて印刷を行い、印刷物を供給する事業については、第3種事業となるのですが、他の者から支給を受けた原材料に、加工（印刷）を施すような場合で、その加工賃を対価として役務の提供を行う場合には、第4種事業として区分する必要がありました。

● **解説**

1　「加工賃その他これに類する料金を対価とする役務の提供」を行う事業の取扱い

消費税法施行令第57条第5項第3号の規定により第3種事業に該当することとされている農業、林業、漁業、鉱業、建設業、製造業（製造小売業を含みます。）又は電気・ガス・熱供給・水道業に該当する事業

（以下「製造業等」といいます。）の範囲は、おおむね日本標準産業分類上の大分類に掲げる分類を基礎として判定することとされています。

　ただし、事業者の営む事業が同産業分類上の大分類によって判定した結果、製造業等に該当する事業であっても、「加工賃その他これに類する料金を対価とする役務の提供を行う事業」に該当するときには、第3種事業から除かれ、第4種事業に該当することとされています。

　この場合の「加工賃その他これに類する料金を対価とする役務の提供を行う事業」には、対価たる料金の名称のいかんを問わず、他の者の原料若しくは材料又は製品等に加工を加えて、その加工などを行った対価を受領する役務の提供が該当します（令57⑤、基通13-2-4、13-2-7）。

　したがって、第4種事業となる「加工賃その他これに類する料金を対価とする役務の提供を行う事業」とされる事業は、まず第3種事業に該当する日本標準産業分類上の大分類が「製造業等」に該当することが前提となります。

2　「加工賃その他これに類する料金を対価とする役務の提供」を行う事業に当たるもの

　上記のとおり、「加工賃その他これに類する料金を対価とする役務の提供を行う事業」に該当する事業は、まず第3種事業に該当する製造業等に該当することが前提となりますが、製造業等に該当する事業のうち、他の者の原材料又は製品等に加工等を施して、加工等の対価を受領する役務の提供として第4種事業となる例を掲げると次のとおりです。

イ　食料品製造業　例：玄米の支給を受けて行う精米

ロ　繊維工業　　　例：糸の支給を受けて行う反物等を織る作業

ハ　家具製造業　　例：原材料の支給を受けて家具等の組立て又は塗装をする事業

ニ　印刷業　　　　例：はがきの支給を受けて行う印刷

ホ　鉄鋼業　　　　例：金属の支給を受けて行うメッキ

　ヘ　機械等製造業　例：部品の支給を受けて行う組立て

3　事例の対応

　事例の印刷業については、日本標準産業分類上の大分類「E　製造業」において「中分類　15」の「印刷・同関連業」に分類されるものであり、一義的には第3種事業に当たるものです。

　ただし、次のような場合については、「加工賃その他これに類する料金を対価とする役務の提供を行う事業」と評価され、第4種事業に該当するものとなります。

　①　紙の支給を受けて行う印刷

　②　はがきの支給を受けて行う印刷

　③　印刷物の支給を受けて製本を請負う事業

　したがって、事例の場合には、客からはがきの支給を受けてこれに印刷をして印刷代金を受領するものですから、「加工賃その他これに類する料金を対価とする役務の提供を行う事業」となり、第4種事業として取り扱われることになります。

〔参考〕

　日本標準産業分類上の大分類を基礎として判定すれば第5種事業に該当する事業の中にも、例えば、クリーニング業や自動車修理業などのように「加工賃その他これに類する料金を対価とする役務の提供を行う事業」に該当すると考えられる事業が存在します。

　ただこれらの事業であっても、これらの事業は第3種事業に該当する製造業等に該当するものではなく、そもそも日本標準産業分類の大分類において、「サービス業等」に該当するものですから、簡易課税制度における事業区分は第5種事業に該当することになり、「加工賃その他これに類する料金を対価とする役務の提供を行う事業」に該当するものとして第4種事業とされることはありません（基通13-2-7注書）。

（軽減税率制度に関する誤り）

事例 32　ウォーターサーバーのレンタル及びウォーターサーバー用の水の販売

　当社は、事業所及び一般家庭に対し、ウォーターサーバーをレンタルしてレンタル料を受け取るとともに、ウォーターサーバーで使用する水を販売して販売代金を受け取っています。このうちウォーターサーバーで使用する水の販売については、人の飲用のための飲料水の販売は軽減税率の適用対象と聞いていますので、軽減税率が適用されると判断しています。

　また、ウォーターサーバーのレンタルについても、この飲料水の供給に必要不可欠なものであることから、軽減税率の適用対象と判断していますが問題ありませんか。

● 指摘された問題点

　ウォーターサーバーのレンタルについては、資産の貸付けに該当しますので、軽減税率が適用される「飲食料品の譲渡」には該当しないことから、軽減税率の適用はありません。

● アドバイス

　ウォーターサーバーのレンタルについては、軽減税率の適用はありませんので標準税率を適用する必要があります。

　軽減税率制度の下では、標準税率と軽減税率の双方が適用される取引が生じますから、税率の異なるごとの区分経理を行うとともに、取扱商品の在庫管理なども適切に行う必要があります。

　また、区分記載請求書等保存方式の下では、軽減対象資産の譲渡等である旨及び税率ごとに区分して合計した税込対価の額を記載した請求書等を顧客へ交付することが求められます。

● 解説
1　軽減税率の適用対象となる「飲食料品」の範囲

　軽減税率の対象品目である「飲食料品」とは、食品表示法に規定する食品（酒税法に規定する酒類を除きます。）をいいます（平成28改正法附則34①一）。また、食品表示法に規定する「食品」とは、すべての飲食物をいい、「医薬品、医療機器等の品質、有効性及び安全性の確保等に関する法律」に規定する「医薬品」、「医薬部外品」及び「再生医療等製品」を除き、食品衛生法に規定する「添加物」を含むものとされています。

　なお、ここでいう「飲食物」とは、人の飲用又は食用に供されるものをいいます。

　また、「飲食料品」には、食品と食品以外の資産があらかじめ一の資産を形成し、又は構成しているもの（その一の資産に係る価格のみが提示されているものに限ります。）のうち、一定の要件を満たすものも含まれます。

2　水の販売

　「食品」とは、人の飲用又は食用に供されるものをいいますので、人の飲用又は食用に供されるものであるいわゆるミネラルウォーターなどの飲料水は、「食品」に該当し、その販売は軽減税率の適用対象となります。

　なお、水道水は、炊事や飲用のための「食品」としての水と、風呂、洗濯といった飲食用以外の生活用水として供給されるものとが混然一体となって提供されており、例えば、水道水をペットボトルに入れて、人の飲用に供される「食品」として販売する場合を除き、軽減税率の適用対象とはなりません。

3　事例の対応

　ウォーターサーバーは、飲料水の譲渡に伴ってレンタルされているものですが、その取引の内容はサーバーという物品の賃貸借であり、消費税法上の資産の貸付けに該当するものです。

　軽減税率が適用されるのは、「飲食料品の譲渡」であるため、「資産の貸付け」であるウォーターサーバーのレンタルについては、軽減税率の適用対象とはなりません。

　なお、ウォーターサーバーで使用する水は、人の飲用又は食用に供されるものですから「食品」に該当し、その販売は軽減税率の適用対象となります。

事例33　フードコートでの飲食

当社は、ショッピングセンター等のフードコートにテナントとしてラーメン店を出店しています。当社の事業は「食事の提供」であると考えていますが、飲食設備のある場所以外の場所における飲食料品の提供は「食事の提供」に含まれないと聞きました。

当社の事業形態では、通常、フードコートのテーブル、椅子等はショッピングセンター等の所有で、当社の設備ではありません。したがって、このような場合は、当社が行うラーメン等の飲食料品の提供は、軽減税率の適用対象となる飲食料品の譲渡に該当することになると考えておりましたが、この場合も「食事の提供」となるとの指摘を受けました。

● 指摘された問題点

飲食料品の提供を行う者と設備を設置又は管理する者が異なる場合であっても、両者の合意等に基づき、その飲食設備を飲食料品の提供を行う者の顧客に利用させることとしているときは、「飲食設備」に該当し、貴社が行うラーメン等の提供は、「食事の提供」となりますから、軽減税率の適用対象とはなりません。

● アドバイス

貴社が行うショッピングセンター等のフードコートでのラーメン等の提供は、いわゆる外食に該当しますから、軽減税率の適用対象とはなりません。

● 解説

1　飲食店業等を営む者が行う食事の提供（いわゆる「外食」）

軽減税率が適用されない「飲食店業等を営む者が行う食事の提供」（いわゆる「外食」）とは、①飲食店業等を営む者がテーブル、椅子、カ

ウンターその他の飲食に用いられる設備（以下「飲食設備」といいます。）のある場所において、②飲食料品を飲食させる役務の提供をいいます。

　（例）レストランや食堂での食事の提供

　なお、「飲食店業等を営む者」とは、食品衛生法施行令に規定する飲食店営業、喫茶店営業その他の飲食料品をその場で飲食させる事業を営む者をいい、飲食設備のある場所において飲食料品を飲食させる役務の提供を行うすべての事業者が該当します。

2　飲食設備

　飲食設備とは、飲食に用いられるテーブル、椅子、カウンター等の設備をいい、飲食のための専用の設備である必要はなく、飲食料品の提供を行う者と設備を設置又は管理する者が異なる場合であっても、飲食料品の提供を行う者と設備設置者との間の合意等に基づき、その飲食設備を飲食料品の提供を行う者の顧客に利用させることとしているときは、「飲食設備」に該当します（軽減通達8、9）。

3　事例の対応

　「食事の提供」とは、飲食設備のある場所において飲食料品を飲食させる役務の提供をいいます。ここでいう飲食設備とは、上記2のとおり飲食料品を提供する事業者が設置したものでなくても、設備設置者と飲食料品を提供している事業者との間の合意等に基づき、その設備を顧客に利用させることとしている場合は、これに該当します。

　したがって、貴社におけるショッピングセンター等のフードコートでのラーメン等の飲食物の提供については、テーブル、椅子等の設備の設置者と貴社との間の合意等に基づいて、その設備を顧客に利用させることとされているものである場合には、貴社の行うラーメン等の提供は、飲食設備のある場所における「食事の提供」に該当しますので、軽減税率の適用対象とはなりません。

事例34 製作物供給契約による食品の譲渡等

　当社は、食品の製造販売を行う法人です。当社は大手の食品メーカーとの間で、いわゆる製作物供給契約を締結しており、当社が受託製造した製品を発注元に納品していますが、当社のこのような取引はすべて飲食料品に該当する製品を納品するものですから、軽減税率の適用対象と取り扱っていたところ、受注形態によっては適用対象とならない場合があると指摘されています。どのような取扱いになるのでしょうか。

　なお、発注元であるメーカーとの契約の概要は、次のとおりですが、発注元により、様々な受注形態があります。

　メーカーA

① 発注元から製造する飲食料品の仕様の指示を受け、その仕様に基づき製造して納品

② 原材料及び容器・包装資材　当社が調達

③ 調達した原材料代と包装資材代に加工料を加算した金額を、販売代金として発注元に請求

④ 完成品の引渡時に、製品の所有権が当社から発注元へ移転

　メーカーB

① 発注元から製造する飲食料品の仕様の指示を受けるとともに、原材料・包装資材を有料で支給を受け、製造して納品

② 原材料及び容器・包装資材　有償支給であり、原材料等の代金を支払う

③ 支給を受けた原材料代と包装資材代に加工料を加算した金額を、販売代金として発注元に請求

④ 完成品の引渡時に、製品の所有権が当社から発注元へ移転

　メーカーC

① 発注元から製造する飲食料品の仕様の指示を受けるとともに、原材料・包装資材を無償で支給を受け、製造して納品

② 原材料及び容器・包装資材　無償支給

　③　加工料を発注元に請求
　④　原則として、原材料等から完成品まで所有権は発注元に帰属

● 指摘された問題点

　メーカーA及びメーカーBとの取引は、飲食料品の製造販売に該当しますから、軽減税率の適用対象となりますが、メーカーCとの取引は、飲食料品の賃加工の対価となる加工料を得る取引であり、役務の提供に該当することから、軽減税率の適用対象ではなく、標準税率が適用されます。

● アドバイス

　制作物供給契約による取引の適用税率は「製造販売」に当たるか、「賃加工」に当たるかがポイントになります。これは契約内容等により個別に判断する必要がありますが、例えば、①原材料の調達が誰が行うか、②対価はどのように設定されるか、③所有権がどちらにあるかなどの点を踏まえて判断することになります。

● 解説

1　軽減対象課税資産の譲渡等

　消費税の課税の対象は、国内において事業者が行った資産の譲渡等であり（法4①）、資産の譲渡等とは、事業として対価を得て行われる資産の譲渡及び貸付け並びに役務の提供をいいます（法2①八）。

　さらに、「資産の譲渡」とは、資産につきその同一性を保持しつつ、他人に移転させることをいい（消基通5-2-1）、「役務の提供」とは、例えば、土木工事、修繕、運送、保管、印刷、広告、仲介、興行、宿泊、飲食、技術援助、情報の提供、便益、出演、著述その他のサービスを提供することをいいます（消基通5-5-1）。

　また、軽減税率の対象は、飲食料品の譲渡及び定期購読に係る新聞の譲渡とされています（平成28改正法附則34①）。

　したがって、軽減税率の適用対象となる「飲食料品の譲渡」とは、事業者が事業として対価を得て飲食料品の同一性を保持しつつ、他人に移転させることとなりますから、飲食料品を仕入れて販売する場合や飲食料品を製造して販売する場合は飲食料品の譲渡に該当します。

　一方で、飲食料品に関する取引であっても、例えば、飲食料品に加工し、加工料を受け取る「賃加工」など役務の提供に該当するものは、飲食料品の譲渡には当たらないことになります。

2　製作物供給契約により飲食料品を製造する場合

　上記1のとおり取引が「製造販売」に当たるか、「賃加工」に当たるかにより適用税率が異なることとなります。

　製造販売又は賃加工に当たるかは、その契約内容等により個別に判断することになりますが、例えば、①受託者の使用する原材料や包装資材は、どのように調達されるか（委託者からの無償支給か、有償支給か、自社調達か）、②契約に係る対価の額はどのように設定されるか、③完成品の所有権がどちらにあるかといった点等を踏まえて判断することになります（令和元年7月改訂「消費税の軽減税率制度に関するQ&A（個別事例編）問41）。

3　事例の検討

(1)　メーカーA及びメーカーBからの受注取引

　メーカーAの受注形態は製品の仕様の指示のみで、すべての原材料は自己において調達していること、メーカーBの受注形態の場合は発注元受注先から原材料等の支給を受けますが、有償での支給であり、自己で調達する場合と変わらないことから、いずれも製造業者が原材料等を仕入れて製品を製造して販売する取引と何ら変わらず、飲食料品の製

造販売に該当すると考えられます。

　したがって、その取引は「飲食料品の譲渡」に該当し、軽減税率の適用対象となります。

　(2)　メーカーCからの受注取引

　飲料製品の製造に当たって、原材料等はすべて発注元から無償で支給され、所有権は常に発注元にあるということですから、無償で支給された原材料等を貴社において自己の資産として管理することもありません。

　その上、貴社は、いわゆる製作物供給契約により加工料を得る方式を採用していると認められ、発注元へ製品を納品し、加工料を請求しています。

　これらの事実関係を踏まえれば、この取引は、無償で支給された原材料等を用いて飲食料品に該当する製品としての完成品とすることを内容とする一連の役務の提供を行い、その製造に係る対価として加工料を受領しているものと考えられますから、この取引は「役務の提供」を行う取引に該当するものです。

　したがって、メーカーCの受注形態は、役務の提供の対価を得る取引ですから、飲食料品の譲渡には該当せず、標準税率が適用されることになります。

事例 35　飲食料品の委託販売手数料に係る適用税率

　当社は、クッキー等の洋菓子のメーカーですが、一部の贈答用のクッキーについて、販売代理店にその販売を委託しています。

　そこで、消費税の処理に当たって、これまでは、委託販売に係る商品の売上金額から当社が支払うべき委託販売に係る手数料相当分を差し引いた残額を受領することとしており、当社においてもこの金額を課税売上げに計上していました。したがって、委託販売に係る手数料については、特に、課税仕入れに計上するような処理は行ってきていません。

　令和元年10月1日からの軽減税率制度の下で、現在までの処理は継続できないと指摘されましたが、どう対応すればよいでしょうか。

● 指摘された問題点

　令和元年10月1日以降の軽減税率制度の下では、現在の処理方法を継続することはできません。また、飲食料品に係るものであっても、委託販売に係る手数料は軽減税率の適用対象とはなりません。

● アドバイス

　現在の処理方法は、所得税や法人税の収入金額や必要経費の計上、益金の額や損金の額の計上にも見受けられるものですが、軽減税率制度の下では、適用税率が異なることから採用することはできないものとなります。したがって、原則的な処理が必要となりますので注意を要します。

● 解説

1　飲食料品に係る委託販売手数料の取扱い

　軽減税率の適用対象は、飲食料品の譲渡及び一定の新聞の譲渡とされています。そこで、委託販売その他業務代行等（以下「委託販売等」と

いいます。）を通じて受託者が行う飲食料品の譲渡は、軽減税率の適用
対象となる一方、受託者が行う委託販売等に係る行為は、委託者に対す
る委託販売に係る商品を販売するという役務の提供ですから、その取扱
商品が飲食料品であったとしても、この対価となる委託販売に係る手数
料等は、軽減税率の適用対象となりません。

2　委託販売等に係る手数料の取扱い

　委託販売等に係る資産の譲渡等を行った場合は、原則として、受託者
が委託商品を譲渡等したことに伴い収受した金額が委託者における資産
の譲渡等の金額となります。そして、委託者が受託者に支払う委託販売
に係る手数料等が委託者の課税仕入れに係る支払対価の額となり、それ
ぞれ別々に経理処理することとなります。受託者側においては、委託者
から受領する委託販売に係る手数料等を役務の提供の対価として経理処
理することとなります（以下この処理を「原則的な処理」といいます。）。

　しかし、次による処理（以下この処理を「純額処理」といいます。）も
認められています（基通10-1-12）。

　イ　委託販売等に係る委託者については、受託者が委託商品を譲渡等
　　　したことに伴い収受した金額が委託者における資産の譲渡等の金額
　　　となりますが、その課税期間中に行った委託販売等のすべてについ
　　　て、その資産の譲渡等の金額から受託者に支払う委託販売手数料を
　　　控除した残額を委託者における資産の譲渡等の金額としているとき
　　　は、これが認められています。

　ロ　委託販売等に係る受託者については、委託者から受ける委託販売
　　　手数料が役務の提供の対価となりますが、委託者から課税資産の譲
　　　渡等のみを行うことを委託されている場合は、委託された商品の譲
　　　渡等に伴い収受した金額を受託者の課税資産の譲渡等の金額とし、
　　　委託者に支払う金額を受託者の課税仕入れに係る金額としても差し
　　　支えないものとされています。

3　軽減税率制度下での委託販売の取扱い

　軽減税率制度実施前の単一税率の下では、上記2のような取扱いが認められていましたが、令和元年10月1日以降においては、委託販売等を通じて受託者が行う飲食料品の譲渡は軽減税率の適用対象となる一方、受託者が行う委託販売等に係る役務の提供は、その取扱商品が飲食料品であったとしても、軽減税率の適用対象とはなりません。

　したがって、その取扱商品が飲食料品である場合には、受託者が行う飲食料品の販売と委託販売に係る役務の提供の適用税率が異なることとなるため、上記2のイ及びロの純額処理をすることはできないこととなります（軽減通達16）。

　このため、令和元年10月1日以降については、原則的な処理が求められますので、委託者は、受託者が委託商品を譲渡等したことに伴い収受した金額が委託者における資産の譲渡等の金額となり、受託者に支払う委託販売に係る手数料等を課税仕入れに係る支払対価の額として処理することになります。また、受託者は、委託者から受領する委託販売に係る手数料等を役務の提供の対価として処理する必要があります。

（注）1　委託販売等に係る取扱商品が軽減税率の適用対象でない場合は、令和元年10月1日以降も引き続き純額処理によることができます。なお、その場合には、軽減税率の適用対象ではない取扱商品に係る委託販売等のすべてについて、この処理による必要があります。

　　　2　軽減税率の適用対象となる商品と適用対象とならない商品の両方の委託販売等を行う受託者は、令和元年10月1日を含む課税期間において、その課税期間の初日から同年9月30日までの期間について純額処理していた場合、同年10月1日以降については、軽減税率の適用対象となる取引について原則的な処理に変更することとなりますが、軽減税率の適用対象とならない取引も含めてその委託販売等のすべてを原則的な処理に変更することも差し支えないとされています。

| 事例36 | 一体資産に係る適用税率（食品部分の割合の合理的な算定） |

　当社では、カーネーションの鉢植えと数種類のハーブティーをセットにした「母の日ギフト」を企画商品として税抜価格 3,000 円で販売しています。これら商品のそれぞれの仕入価格は、カーネーションの鉢植えは 700 円、ハーブティーは 1,200 円となっています。このセット商品は、軽減税率の適用対象となるハーブティーの原価の占める割合がカーネーションの鉢植えの原価を超えているため、セット商品全体を飲食料品として軽減税率の適用対象として処理していたところ、適用対象とならないとの指摘を受けました。どのような対応をすべきでしょうか。

● 指摘された問題点

　食品と食品以外の資産をセット商品として 3,000 円という価格のみを提示して販売するということから、この商品は一体資産に該当し、その対価の額が 1 万円以下であるものの、食品部分の価額の占める割合が 3 分の 2 未満ですので、その販売には標準税率が適用されることになります。

● アドバイス

　事例の商品は、食品に係る部分の価額の占める割合が 3 分の 2 未満となるため、その販売については、全体の価額に対して軽減税率の適用がないことになります。

　軽減税率のメリットを生かし、食品と食品以外の資産をセットした商品の販売を行うということですから、商品企画に当たっては、価格設定（1 万円以下）及び原価構成等（食品の原価の占める割合が 3 分の 2 以上）に配意して行うことも必要ではないかと思われます。

● **解説**

1　一体資産の取扱い

　「一体資産」とは、食品と食品以外の資産があらかじめ一の資産を形成し、又は構成しているもので、その一の資産としての価格のみが提示されているものをいいます。

　したがって、例えば、次のような場合は、食品と食品以外の資産が一の資産を形成し、又は構成しているものであっても、一体資産に該当しないこととされています（軽減通達4）。

　①　食品と食品以外の資産を組み合わせた一の詰め合わせ商品について、その詰め合わせ商品の価格とともに、これを構成する個々の商品の価格を内訳として提示している場合

　②　それぞれの商品の価格を提示して販売しているか否かにかかわらず、食品と食品以外の商品を、例えば、「よりどり3品△△円」との価格を提示し、顧客が自由に組み合わせることができるようにして販売している場合

(注)　1　上記①、②の場合は、個々の商品ごとに適用税率を判定することになります。
　　　2　上記②の場合に個々の商品に係る対価の額が明らかでないときは、商品の価額を適用税率ごとに合理的に区分することになります。

　また、一体資産については、次のいずれの要件も満たす場合、その全体が軽減税率の適用対象となります（平成28改正法附則34①一、平成28改正令附則2）。

　イ　一体資産の譲渡の対価の額（税抜価額）が1万円以下であること

　ロ　一体資産の価額のうちにその一体資産に含まれる食品に係る部分の価額の占める割合として合理的な方法により計算した割合が3分の2以上であること

2　一体資産の食品部分の割合として合理的な方法により計算した割合

　上記1で示した一体資産の要件ロの「合理的な方法により計算した割

合」は、事業者の販売する商品や販売実態等に応じて、例えば、次の割合のように、事業者が合理的に計算した割合であればこれによって差し支えないこととされています（軽減通達 5 ）。

イ　その一体資産の譲渡に係る売価のうち、合理的に計算した食品の売価の占める割合

ロ　その一体資産の譲渡に係る原価のうち、合理的に計算した食品の原価の占める割合

(注)　1　原価に占める割合により計算を行う場合において、その原価が日々変動するなど、その割合の計算が困難なときは、前課税期間における原価の実績等により合理的に計算されている場合はこれが認められます。

　　　2　売価又は原価と何ら関係のない、例えば、重量、表面積、容積等といった基準のみにより計算した割合は、その一体資産に含まれる食品に係る部分の価額に占める割合として合理的な方法により計算した割合とは認められないとされています。

3　事例の対応

　事例の商品は、上記 2 のロに示した原価のうち食品の原価の占める割合を計算する方法によって計算し、その結果、次のとおり食品に係る部分の割合が 3 分の 2 以上であるものに該当しません。

ハーブティー　　一体資産の　　一体資産の譲渡の原価のうち、
（食品）の原価　　譲渡の原価　　食品の占める割合

1,200 円　／　1,900 円　≒　63.2%　＜ 3 分の 2（66.666…%）

　したがって、事例の商品は、食品と食品以外の資産をセット商品として 3,000 円という価格のみを提示して販売するとしていることから一体資産に該当することとなります。しかしながら、その対価の額が 1 万円以下であるものの、食品に係る部分の価額の占める割合が 3 分の 2 未満のものとなりますので、全体が軽減税率の適用対象外のものとなり、その譲渡には標準税率が適用されることになります。

事例 37　仕入先から受け取った請求書等に軽減対象資産の区分記載がなかった場合の取扱い

令和元年 10 月 1 日から、軽減税率が適用される取引について仕入税額控除を行うために保存が必要な請求書等には、「軽減対象資産の譲渡等である旨」及び「税率ごとに合計した課税資産の譲渡等の対価の額」が記載されている必要があるとされていますが、同 10 月 1 日以後、仕入先から受け取った請求書等にこれらの記載がなかった場合、これらが記載された請求書等の再交付を受けていなかったため、仕入税額控除を行うことができないとの指摘を受けました。どのようにすべきでしょうか。

● 指摘された問題点

令和元年 10 月 1 日から、軽減税率が適用される取引について仕入税額控除を行うために保存を要する請求書等には、「軽減対象資産の譲渡等である旨」及び「税率ごとに合計した課税資産の譲渡等の対価の額」が記載されている必要がありますから、これらの項目の記載がない請求書等では、仕入税額控除の要件を満たしません。

● アドバイス

軽減税率が適用される取引について仕入税額控除を行うために保存を要する請求書等には、「軽減対象資産の譲渡等である旨」及び「税率ごとに合計した課税資産の譲渡等の対価の額」が記載されている必要がありますので注意が必要です。

これらの項目の記載がない請求書等を受領した場合は、その取引の事実に基づいて受領した事業者において、これらの項目を追記することが認められていますから、適用税率が不明な場合には、商品の仕入先に確認するなどして対応する必要があります。

なお、帳簿についても、これまでの記載事項に加え、「軽減対象資産の譲渡等に係るものである旨」を記載することが要件となりますので注

意が必要です。

● **解説**

1　区分記載請求書等保存方式

　仕入税額控除については、一定の帳簿及び請求書等の保存が要件とされています（請求書等保存方式）。令和元年10月1日から令和5年9月30日までの間は、この仕入税額控除の要件について、令和元年9月30日までの「請求書等保存方式」を基本的に維持しつつ、軽減税率の適用対象となる商品の仕入れかそれ以外の仕入れかの区分を明確にするための記載事項を追加した帳簿及び請求書等の保存が要件とされます（区分記載請求書等保存方式）。

　具体的には、「請求書等保存方式」において必要とされている記載事項に加え、次の事項が記載事項として追加されています（平成28改正法附則34②）。

　イ　帳簿
　　・　課税仕入れが他の者から受けた軽減対象資産の譲渡等に係るものである場合には、「軽減対象資産の譲渡等に係るものである旨」
　ロ　区分記載請求書等
　　・　課税資産の譲渡等が軽減対象資産の譲渡等である場合にはその旨（「軽減対象資産の譲渡等である旨」）
　　・　軽減税率と標準税率との税率の異なるごとに合計した課税資産の譲渡等の対価の額（税込み）（「税率ごとに合計した課税資産の譲渡等の対価の額」）

2　区分記載がなかった場合の措置

　上記1のとおり、軽減税率が適用される取引について仕入税額控除を行うために保存すべき請求書等には、「軽減対象資産の譲渡等である旨」及び「税率ごとに合計した課税資産の譲渡等の対価の額」が記載さ

れている必要がありますが、これらの項目の記載がない請求書等を相手
先事業者から交付された場合であっても、その請求書等の交付を受けた
事業者が、その取引の事実に基づいて、これらの項目を追記し、これを
保存することで、仕入税額控除を行うことが認められます（平成28改
正法附則34③）。

　なお、保存すべき区分記載請求書等の記載事項のうち、請求書等の交
付を受けた事業者による追記が認められているのは「軽減対象資産の譲
渡等である旨」及び「税率ごとに合計した課税資産の譲渡等の対価の
額」のみとなっていますので他の項目について追記や修正を行うことは
できません（軽減通達19）。

（注）　区分記載請求書等保存方式の下においても、これまでと同様に、例えば、3
　　　万円未満の取引に係る仕入税額控除については、請求書等の保存がなくても法
　　　令に規定する事項が記載された帳簿の保存のみで適用することができます（法
　　　30⑦、令49①一）

3　事例の対応

　上記1、2で説明したとおり、軽減税率が適用される取引について仕
入税額控除を行うために保存を要する請求書等には、「軽減対象資産の
譲渡等である旨」及び「税率ごとに合計した課税資産の譲渡等の対価の
額」が記載されていることが必要になりますが、これらの項目の記載が
ない請求書等の交付を受けた場合であっても、貴社において、その取引
の事実に基づいてこれらの項目を後から追記して保存することが認めら
れていますので、請求書等の交付を受けた場合には、その都度その内容
をチェックし、適用税率が不明な場合などの場合には、仕入先の事業者
に問い合わせるなどし、請求書等を再発行してもらう、あるいは請求書
等に自ら追記を行うといった対応が必要となります。

著者紹介

税理士　小林　幸夫

　　国税庁課税部消費税課課長補佐、二本松税務署長、東京国税局消費税課長、品川税務署長、仙台国税局調査査察部次長、江戸川北税務署長等を経て、現在、税理士。

　　主な著書に「業種別文書実例から学ぶ　印紙税の課否判断と実務対応」（共著；税務研究会出版局）、「消費税の実務と申告（平成30年版）」（共著）、「これだけは押さえておきたい　消費税軽減税率の実務ポイント」（共著）（いずれも大蔵財務協会）、「迷ったときに開く　実務に活かす印紙税の実践と応用」（監修；新日本法規）ほか

税理士　佐藤　明弘

　　国税庁課税部消費税室課長補佐、税務大学校研究部教授、東京国税局調査第一部特別国税調査官、同局課税二部統括国税調査官（印紙税等調査担当）、弘前税務署長、税務大学校専門教育部主任教授、東京国税局消費税課長、仙台国税不服審判所部長審判官、江戸川北税務署長等を経て、現在、税理士。

　　主な著書に「業種別文書実例から学ぶ　印紙税の課否判断と実務対応」（共著；税務研究会出版局）、「消費税の実務と申告（令和元年版）」（共著；大蔵財務協会）、「税務調査官の視点からつかむ　印紙税の実務と対策」（第一法規）ほか

税理士　宮川　博行

　　国税庁課税部審理室課長補佐、同部消費税室課長補佐、税務大学校研究部教授、東京国税局調査第三部統括国税調査官、同局課税二部統括国税調査官（印紙税等調査担当）、王子税務署長、東京国税局消費税課長、札幌国税不服審判所部長審判官、江戸川北税務署長等を経て、現在、税理士。

　　主な著書に「業種別文書実例から学ぶ　印紙税の課否判断と実務対応」（共著；税務研究会出版局）、「消費税　課否判定・軽減税率判定　早見表」（共著；大蔵財務協会）ほか

本書の内容に関するご質問は、ファクシミリ等、文書で編集部宛にお願い
いたします。(fax 03-6777-3483)
なお、個別のご相談は受け付けておりません。

消費税のチェックポイントと指摘事項への対応

令和元年12月26日　初版第1刷印刷　　　　　　　　　　　　　（著者承認検印省略）
令和2年1月30日　初版第1刷発行

ⓒ 監修者 小　　林　　幸　　夫
ⓒ 共著者 佐　　藤　　明　　弘
　　　　　宮　　川　　博　　行

発行所 税 務 研 究 会 出 版 局
週刊「税務通信」「経営財務」発行所

代表者 山　　根　　　　　毅

郵便番号100-0005
東京都千代田区丸の内1-8-2
鉄鋼ビルディング
振替00160-3-76223
電話〔書 籍 編 集〕 03(6777)3463
　　〔書 店 専 用〕 03(6777)3466
　　〔書 籍 注 文〕 03(6777)3450
　　（お客さまサービスセンター）

● 各事業所　電話番号一覧 ●

北海道 011(221)8348　　神奈川 045(263)2822　　中　国 082(243)3720
東　北 022(222)3858　　中　部 052(261)0381　　九　州 092(721)0644
関　信 048(647)5544　　関　西 06(6943)2251

当社HP → https://www.zeiken.co.jp

乱丁・落丁の場合はお取替え致します。　　　　　　印刷・製本　㈱光邦
ISBN978-4-7931-2500-3